ANNA MAYNERT

HILFE, MEIN KIND IS(S)T VEGAN!

CLEVERE REZEPTE FÜR DIE PATCHFOOD-FAMILIE

ANNA MAYNERT

HILFE, MEIN KIND IS(S)T VEGAN!

CLEVERE REZEPTE
FÜR DIE PATCHFOOD-FAMILIE

FOTOGRAFIE (REZEPTE):
MONA BINNER

REZEPTE

HAUPTGERICHTE – PROTEINREICH UND SÄTTIGEND

BROTZEIT & SNACKS – NÄHRSTOFFREICH

DESSERTS & LECKEREIEN – VOLLER MINERALSTOFFE

»HILFE, MEIN KIND IS(S)T VEGAN!«

Puh, kriegst du auch Herzklopfen bei diesen Worten? Dann bist du nicht allein. Da du dieses Buch in der Hand hältst, nehme ich an, dass du mit diesem Thema gerade in irgendeiner Form konfrontiert bist. Möglicherweise möchte sich dein eigenes Kind vegan ernähren. Vielleicht ist es dein Enkelkind, eine Nichte oder ein Neffe oder ein anderes Kind in deinem Umfeld. Vielleicht bist du aber in der Kinderbetreuung tätig und hast immer wieder mit Kindern zu tun, die keine tierischen Produkte mehr essen wollen oder sollen. So oder so ist dieses Buch dann genau richtig für dich, wenn dich das Thema vegane Kinderernährung interessiert und du davon betroffen bist.

»Hilfe, mein Kind is(s)t vegan« soll dir die Sorge nehmen, dass die vegane Kinderernährung eine Mangelernährung ist, und dir gleichzeitig eine Hilfestellung im Familienalltag sein, damit die Wünsche und Bedürfnisse aller Familienmitglieder mit größtmöglicher Leichtigkeit erfüllt werden können. Mit dem gewissen Know-how, das dir dieses Buch vermitteln wird, wird es dir Schritt für Schritt immer leichter gelingen, gleichzeitig vegane, vegetarische und tierische Mahlzeiten zu kochen.

Außerdem wette ich mit dir, dass du erstaunt sein wirst, wie lecker manch veganisiertes Lieblingsgericht sein kann und du wirst merken, dass es an nichts fehlt. Es geht sogar ganz einfach, ohne für jede Mahlzeit zwei Stunden in der Küche zu stehen.

Vegane Ernährung leicht in den Familienalltag integrieren

Das Buch ist so aufgebaut, dass wir uns erstmal mit einigen wichtigen Fakten der veganen Kinderernährung auseinandersetzen, sodass du Schritt für Schritt tiefer in die Welt der veganen Ernährung von Kindern einsteigst. Du lernst leicht verständlich:

- worauf du in Zukunft achten solltest
- welche Vorteile eine vegane (Kinder-)Ernährung haben kann
- auf welche sogenannten kritischen Nährstoffe du in der veganen Kinderernährung achten musst
- welche Lebensmittel besonders nährstoffreich sind
- warum es wichtig ist, auf eine ausgewogene Nährstoffzufuhr zu achten, auch bei allen nicht-veganen Kindern
- welche Nährstoffe über Supplemente ergänzt werden sollten
- welche Lebensmittel du immer im Haus haben solltest
- wie ein ausgewogener veganer Tag aussieht
- wie du ganz leicht Gerichte selbst veganisieren kannst
- welche Lebensmittel besonders viel Protein, Eisen, Kalzium, Vitamin B, Omega-3-Fettsäuren, Zink und Selen enthalten.

Im Anschluss daran zeige ich dir, wie du mit ein paar kleinen Tricks den Kochprozess vereinfachen kannst und für jeden Geschmack im Handumdrehen etwas Leckeres auf den Tisch zauberst.

Die Rezepte, die du im Rezeptteil findest, sind alle familienerprobt, meistens vollkommen unkompliziert und schnell zuzubereiten sowie einfach mit tierischen Zutaten kombinierbar. Zudem habe ich darauf geachtet, dass sie nährstoffdicht sind, sodass du dich ganz dem entspannten Kochen zuwenden kannst und dir keine Sorgen darüber machen musst, ob ausreichend Nährstoffe in den Mahlzeiten enthalten sind.

Im Rezeptteil ist jedes Rezept mit einem Icon gekennzeichnet, damit du gleich siehst, womit du es zu tun hast:
Gerichte, die von Haus aus vegan sind oder die man leicht vegan zubereiten kann, kannst du am Blättchen erkennen.

Pflanzenbasierte Gerichte, die man für Veganer zubereitet, aber für Nicht-Veganer mit Käse, Fisch und Fleisch ergänzen kann, erkennst du an den Pfeilen.

Tolle vegane Gerichte, die allen schmecken und nichts vermissen lassen, bekommen von mir Sterne.

Dabei ist jedes Rezeptkapitel so aufgebaut, dass zuerst die einfachen, möglicherweise bekannten Rezepte aufgeführt werden und der Schwierigkeitsgrad bzw. der Veganiserungsgrad innerhalb des jeweiligen Kapitels zunimmt.

Hört sich das gut an? Na dann los!

Ach so, wer schreibt hier eigentlich?

Hi, mein Name ist Anna Maynert.

Ich bin dreifache Mama und lebe mit meinem Mann und unseren Kindern in einer Patchfood-Familie. Ich ernähre mich seit 2013 vegan und bin Diplom-Ernährungswissenschaftlerin. Ich arbeite seit über zehn Jahren als Ernährungs- und Lifecoach, Bloggerin, Podcasterin und Yogalehrerin on- und offline. Außerdem bin ich Co-Autorin des Buches »Vegan für unsere Sprösslinge«.

Da immer mehr Kinder und junge Menschen den Impuls der vegetarischen bzw. veganen Ernährung in ihre Familien bringen und ich aus meinen Coachings weiß, wie überfordernd das für die Eltern sein kann, soll dieses Kochbuch dich als Elternteil an die Hand nehmen und dir die pflanzliche Welt ein wenig näherbringen. Vor allem aber wünsche ich mir für die Kinder, dass dieses Buch dir zeigt, dass die pflanzenbasierte Ernährung eine Bereicherung sein kann und keine Einschränkung ist. Auch wenn du dabei die eine oder andere Gewohnheit überdenken darfst, bringt die (rein) pflanzliche Ernährung für viele ein völlig neues Spektrum an Lebensmitteln mit, sodass sie ein wirklicher Gewinn sein kann, wenn man sich darauf einlässt und neugierig diesen Weg beschreitet. Ich lade dich ein, dein Herz aufzumachen für diesen neuen Weg, den eins deiner Kinder in deine Familie gebracht hat.

Kochen in der Patchfood-Familie

Eine vegane Ernährung ist wirklich gut umsetzbar im Familienalltag, auch wenn nicht alle Familienmitglieder vegan sind. Ich nenne diese Art von Familie: Patchfood-Familie. In genau so einer lebe ich! Daher habe ich für dieses Buch Rezepte entwickelt, die vom Grunde her vegan sind und sich leicht vegetarisieren lassen bzw. auch alternativ den übrigen Familienmitgliedern in der Fleischvariante angeboten werden können.

Ich habe mich auch dafür entschieden, Gerichte zu nehmen, die du sicher größtenteils aus der mischköstlichen Ernährung kennst und habe davon abgesehen, hier neue, fancy Gerichte vorzustellen, die viele Superfoods enthalten. Komm erstmal ganz in Ruhe in dieser Ernährungsform an, dann kannst du auch noch weiter experimentieren.

Meine Patchfood-Familie sieht übrigens so aus: Meine beiden Söhne essen vegetarisch, der Ältere hat sich mit neun selbst dazu entschieden, während der kleine Bruder seit seiner Geburt vegetarisch, teilweise auch vegan isst. Meine Tochter und mein Mann sind beide Flexitarier, wobei es zu Hause bis auf Käse, Eier und Joghurt keine tierischen Produkte gibt. Ich koche grundsätzlich vegan und gebe manchmal auf Wunsch noch Käse zu den Gerichten oder auch mal ein Ei. Ich wünsche dir viel Freude mit diesem Inspirationsbuch und freue mich, wenn es deinen Familienalltag erleichtert.

Deine Anna

P.S.: Um den Lesefluss zu erleichtern, ist dieses Buch in der klassischen männlichen Ansprache geschrieben. Ich weise aber deutlich darauf hin, dass ich keine Geschlechter oder Zugehörigkeiten ausschließe, sondern alle Menschen gemeint sind.

THEORIE

Vegane Basics

VEGANE KINDERERNÄHRUNG = ALLES, WAS MEIN KIND BRAUCHT?!

Wenn ein Kind beschließt, sich rein pflanzlich zu ernähren oder schon von Anfang an Milchprodukte und Fleisch verschmäht, machen sich Eltern oft Sorgen.

Natürlich wollen wir als Eltern sicherstellen, dass unsere Kinder mit allen nötigen Nährstoffen versorgt sind. Das geht am einfachsten, wenn Kinder alles essen, was wir ihnen als Eltern anbieten. So haben wir das Gefühl, dass sie alles bekommen, was sie für eine gesunde Entwicklung brauchen. Dass das allerdings nicht automatisch der Fall ist, zeigt dieses Buch an verschiedenen Stellen auf. Wichtig ist nämlich vor allem eine abwechslungsreiche, saisonal und regional abgestimmte, vollwertige Kost, die ein ausgewogenes Verhältnis aller Nährstoffe mit sich bringt.

VEGANE ERNÄHRUNG = MANGELERNÄHRUNG? NEIN!

Wenn ein Kind sehr wählerisch isst, sich immer nur die Nudeln oder das Fleisch aus dem Essen pickt, so gut wie kein Gemüse mag und auch beim Obst nur sehr ausgewählt zugreift, beginnen wir, uns Gedanken und Sorgen zu machen. Das gilt ebenso, wenn unser Kind sich selbst dazu entscheidet, keine tierischen Lebensmittel mehr zu verzehren. Insbesondere dann, wenn wir uns als Eltern mit vegetarischer oder veganer Ernährung noch nie beschäftigt haben.

Viele Eltern haben im Kopf, dass eine vegane Ernährung immer mit Mangel verbunden ist. Die Medien, die oft einseitig über dramatische Fälle von mangelernährten veganen Kindern berichten, stärken diese Ansicht leider. Ich möchte an dieser Stelle Entwarnung geben: Eine gut geplante vegane Kinderernährung ist problemlos durchführbar. Dies zeigt unter anderem auch die Veggie-Diet-Studie von Dr. Markus Keller. Allerdings sollte es nicht so sein, dass die tierischen Produkte einfach weggelassen und/oder durch vegane Ersatzprodukte ersetzt werden.

GEPLANTE VEGANE KINDERERNÄHRUNG IST SICHER

Eltern, deren Kinder sich vegan ernähren möchten, wird dringend geraten, sich ausführlich mit einer vollwertigen, veganen Ernährung auseinanderzusetzen. Zudem empfehle ich, dass sich die Eltern mindestens einmal ausgiebig von einem qualifizierten Ernährungsberater beraten lassen, sodass individuelle Empfehlungen die vegane (Kinder-)Ernährung wirklich sicher machen. Auch das Wissen über die kritischen Nährstoffe der veganen Ernährung ist unerlässlich, um sicherzustellen, dass das Kind mit allen nötigen Vitalstoffen ausreichend versorgt ist. Mancher Nährstoff lässt sich am einfachsten durch Nahrungsergänzungsmittel zuführen, andere kann man leicht durch nährstoffdichte Lebensmittel in den Speiseplan integrieren. Wie sich eine vollwertige rein pflanzliche Ernährung zusammensetzt, erfährst du Schritt für Schritt in diesem Buch. Und auch, wie du ohne viel Mehraufwand für deine »Patchfood-Familie« kochst, damit alle glücklich und rundum gut versorgt sind.

VORTEILE VEGANER ERNÄHRUNG

Möglicherweise bist du besorgt darüber, dass sich dein Kind vegan ernähren möchte. Du hast nicht nur gehört, dass diese Ernährungsform für Kinder nicht geeignet ist, sondern es überfordert dich vielleicht ganz einfach, dich darauf einzustellen. In diesem Fall hilft es, sich der vielen Vorteile bewusst zu werden, die diese Ernährungsform mit sich bringt.

• Vegane Kinder essen gesünder: Verglichen mit Mischköstler-Kindern verzehren vegan lebende Kinder laut der VeChi-Youth-Studie einen höheren Anteil an gesundheitsförderlichen Nahrungsmittelgruppen. Insgesamt essen vegane Kinder wesentlich mehr Obst und Gemüse. Auch Hülsenfrüchte, Vollkorngetreide, Nüsse sowie Samen und Kerne landen regelmäßig auf den veganen Tellern. Welchen Rückschluss kann man aus den Untersuchungsergebnissen ziehen? Genau: Vegan lebende Kinder essen weniger Fast Food, Junk Food und weniger Süßigkeiten – zumindest zum Zeitpunkt der Studie (2017–2019)!

Glücklich und gesund: Das klappt mit pflanzlicher Ernährung ganz wunderbar.

• Vegane Ernährung beugt schweren Krankheiten vor: Durch den höheren Anteil an Ballaststoffen, Vitaminen, Mineralstoffen und sekundären Pflanzenstoffen beugt eine rein pflanzliche Ernährung der Entwicklung von Diabetes Typ 2, Fettleibigkeit, Herz-Kreislauf-Erkrankungen sowie ernährungsabhängigen Krebserkrankungen vor.

• In der Kindheit geprägtes Verhalten beeinflusst das Leben: Wer schon im Kindesalter eine so bewusste Haltung zur Ernährung entwickelt hat, wird diesen Pfad auch in der Pubertät vermutlich nur kurz verlassen. Es werden gute Grundsteine gelegt, um auch in späteren Jahren eine gesunde Ernährung zu leben. Das hat besonders langfristig viele gesundheitliche Vorteile.

• Umwelt und Klima profitieren: Der jährliche Ausstoß klimaschädlicher Treibhausgase sinkt pro Person von ca. elf auf neun Tonnen – was in etwa neun Flügen zwischen Berlin und London entspricht. Zudem wird weniger Agrarfläche für den Anbau von Futtermitteln gebraucht und dadurch weniger Regenwald abgeholzt. Wer sich vegan ernährt, kann elf bis 35 Prozent Wasser einsparen, denn der Anbau von Futtermitteln und die Fleischproduktion benötigen viel Wasser. Außerdem werden jährlich rund 22 Dosen Antibiotika gespart. Hier sei einmal angemerkt, dass ungefähr 70 Prozent der verbrauchten Antibiotika in der Tierzucht eingesetzt werden, was zu Antibiotikaresistenzen führt. Auch sind ca. 70 Prozent der neu auftretenden Infektionskrankheiten tierischen Ursprungs. Als Veganer gehört man nicht länger zu den Unterstützern der Massentierhaltung: Nach zehn Jahren hat man ca. 107 Hühnern, knapp fünf Schweinen und etwa einer halben Kuh das Leben gerettet.

VEGANER ÜBERNEHMEN VERANTWORTUNG

Die Fridays-for-Future Bewegung macht es deutlich, wir dürfen nicht mehr wegsehen, was unser Konsum mit unserer wunderschönen Erde macht. Die Folgen

Durch die Fridays-for-Future-Bewegung entwickeln Kinder früh ein ökologisches Bewusstsein.

unserer Ellenbogenwirtschaft, wo jeder nur auf sein eigenes Wohl und vor allem auf seinen eigenen Geldbeutel schaut, sind schon jetzt fatal. Es ist an der Zeit, dass jeder in die Selbstverantwortung geht und beginnt **bewusste** Konsumentscheidungen zu treffen. Es geht darum, hinzusehen, was unser Verhalten für Konsequenzen hat, für die Umwelt und auch für unsere Mitmenschen, die z. B. in anderen Teilen der Welt die Güter produzieren, die wir billig konsumieren.

Es ist wichtig, dass wir alle einen Beitrag dazu leisten und Verantwortung übernehmen! Du kannst z. B. damit beginnen, deinen Fleischkonsum bewusster zu gestalten und zu reduzieren. Dann kannst du weitermachen, indem du den Konsum anderer Güter überdenkst und nachhaltiger einkaufst. Du kannst anfangen Ressourcen zu sparen, indem du z. B. weniger Müll produzierst und deine eigene Tragetasche mit zum Einkaufen nimmst und als nächstes damit weitermachst, einige Sachen unverpackt zu kaufen. Deine Kleider oder Spielsachen kannst du bei Kleidertauschkreisen und Second-hand-Läden kaufen und verkaufen. In großen Städten können Autos und sogar Werkzeuge geliehen werden.

Der erste Schritt kostet vielleicht Überwindung, aber einmal angefangen macht es richtig Spaß, weil es einfach so guttut, wieder zu unserer eigentlichen, einfühlsamen und achtsamen Natur zurückzukehren. Vegane oder vegetarische Ernährung ist ein kleiner und leicht durchführbarer erster Schritt, der eine große Auswirkung haben kann, wenn ihn immer mehr Menschen gehen.

VEGANE KINDERERNÄHRUNG: DARAUF MUSST DU ACHTEN

Als erstes atme einmal tief ein und wieder aus. Entspanne dich, dass ausgerechnet dein Kind entschieden hat, sich vegan zu ernähren. Natürlich bedeutet dies eine Umstellung eurer Gewohnheiten, doch mit ein wenig Übung klappt es ganz leicht.

Wichtig ist, genau zu schauen, wie eine rein pflanzliche Ernährung bei **deinem** Kind und für **eure Familie** funktionieren kann. Wenn du das Gefühl hast, dass dein Kind sehr wählerisch bei der Essensauswahl ist, empfiehlt es sich, eine Liste zu schreiben und auf dieser Basis einen Wochenplan zu erstellen, um einen guten Überblick darüber zu bekommen, was das Kind bzw. ihr als Familie esst. Bei der Erstellung des Wochenplans werden die Bedürfnisse aller Familienmitglieder berücksichtigt und wenn die Kinder groß genug sind, dürfen sie diesen aktiv mitgestalten. Wichtig ist, dass alle sogenannten kritischen Nährstoffe berücksichtigt werden (siehe S. 20).

EINE GESUNDE BALANCE FINDEN

Wünscht der (vegane) Nachwuchs sich zu oft Mahlzeiten wie Pizza, Pommes und Co., formuliert gemeinsam Regeln, die helfen, ein vernünftiges Gleichgewicht zwischen gesund und ungesund zu finden. Eine andere Möglichkeit besteht darin, das vermeintliche Junkfood selbst zu machen. Den Pizzateig kannst du aus Vollkornmehl herstellen und Pommes aus echten Kartoffeln schnippeln.

DIE 5-KOMPONENTEN-REGEL

Achte allgemein darauf, dass täglich ausreichend proteinreiche Lebensmittel auf dem Plan stehen (vor allem bei dem veganen Kind) und setze auf nährstoffdichte Nahrungsmittel, wie Vollkorngetreide, ein wechselndes Angebot an Hülsenfrüchten, viel frisches Obst und Gemüse, Nüsse, sowie hochwertige Fette. Diese Art der Kostzusammenstellung ist im Übrigen auch für Mischköstler empfehlenswert. Wenn auf eine pflanzenbasierte Kost nur punktuell Käse, mal ein Ei oder ein Stück Fleisch oder Fisch kommen, profitiert die Gesundheit der Mischköstler sehr. Eine Mahlzeit sollte sich gemäß der 5-Komponenten-Regel aus folgenden Bestandteilen zusammensetzen (mehr dazu ab S. 39):

- **(Vollkorn-)Getreide,**
- **Hülsenfrüchte,**
- frisches **Obst bzw. Gemüse,**
- **Nüsse, Samen und Kerne** sowie
- **hochwertiges Pflanzenöl.**

EIN WOCHENPLAN GIBT KLARHEIT, STRUKTUR UND SICHERHEIT

Eine Liste aus Lieblingslebensmitteln und einen Wochenplan zu erstellen, erscheint erst einmal ein wenig Arbeit zu sein, aber glaub mir, es lohnt sich. Beachte, dass du die Gerichte so zusammenstellst, dass sie gut vorzubereiten sind und berücksichtige dabei auch Termine, die regelmäßig im Kalender stehen, wie z. B. Sport und Hobbys. In Wochen, die terminlich dicht sind, koche am Wochenende vor und/oder bereite unter der Woche größere Portionen zu, sodass ihr von einer Mahlzeit zweimal essen könnt. Mit frischen Kräutern, Sprossen und gerösteten Kernen bzw. Nüssen lassen sich Mahlzeiten schnell aufpeppen und bekommen einen frischen und anderen Geschmack.

ERNÄHRUNGSGEWOHNHEITEN ORIENTIEREN SICH AN DEN ELTERN

Wenn die Ernährungsgewohnheiten deines Kindes eher einseitig erscheinen, kombiniere das, was es mag, und biete immer wieder Neues an. Manche Kinder mögen z. B. insgesamt lieber Rohkost und kein gekochtes Gemüse, das ist vollkommen ok. Natürlich werden die Vorlieben auch von den Vorbildern in der Familie geprägt. Wenn es also einen Elternteil gibt, der z. B. in der Kindheit selbst nur ungern Gemüse gegessen hat und/oder es noch immer nicht liebt, dann übernimmt meistens ein Kind dieses Verhalten. Dann darfst du kreativ werden und mit Geschick das Gemüse in verschiedenen Arten anbieten oder im Notfall auch mal in einer pürierten Gemüsesauce verstecken (funktioniert auch bei erwachsenen Gemüsemuffeln). Kleinere Kinder haben gern den Überblick auf dem Teller und mögen es lieber, wenn die einzelnen Gemüsesorten separat nebeneinander liegen. Das zu berücksichtigen hilft deinem Kind, Sicherheit zu bekommen und sich langsam an Neues heranzuwagen.

WICHTIG ZU WISSEN

Grundsätzlich sollten Eltern und Kinder (ab einem bestimmten Alter) folgende Punkte beachten, damit die vegane Ernährung eine Bereicherung ist und keinen Mangel hervorruft.

• Die Supplementation von **Vitamin B_{12}** ist unerlässlich.

• Da Kinder sich im Wachstum befinden, brauchen sie eine **energie- und nährstoffdichte Ernährung.** Dies sollten Eltern bei jeder Mahlzeit berücksichtigen (übrigens auch bei der mischköstlichen Ernährung!).

• Für das Wachstum ist **Protein** sehr wichtig, sodass zu jeder Mahlzeit eine proteinreiche Komponente gehört (siehe Tabelle S. 29).

• **Kalzium** ist bekanntermaßen wichtig für das Knochenwachstum und sollte in Form von angereicherten Pflanzendrinks und kalziumreichen Nahrungsmitteln jeden Tag Teil der vollwertigen Ernährung sein (siehe Tabelle S. 30).

• **Eisen** ist ein potenziell kritischer Nährstoff der pflanzlichen Ernährung, das ist weitgehend bekannt. Doch wenn man darauf achtet, eisenreiche Lebensmittel zu konsumieren und Vitamin-C-reiches

Obst oder Gemüse dazu isst, muss dieser Mineralstoff nicht kategorisch supplementiert werden.

- Eine breite Palette an Vollkornprodukten dient dazu, eine ausreichende **Mineralstoffzufuhr** zu gewährleisten.

- Die Spurenelemente **Selen und Jod** müssen unter Umständen ergänzt werden. In Phasen von Infekten empfiehlt es sich, zusätzlich auch Zink zu supplementieren – je nach Kostzusammenstellung gilt dies auch für Mischköstler.

- Auf eine ausreichende Versorgung mit **Omega-3-Fettsäuren** sollte geachtet werden. Eine Ergänzung mit z. B. veganem Omega-3-Öl ist empfehlenswert. Zudem sollte der Speiseplan mit Omega-3-reichen Lebensmitteln ergänzt werden. Schon gewusst? Häufig sind Mischköstler ebenfalls mit Omega-3-Fettsäuren unterversorgt.

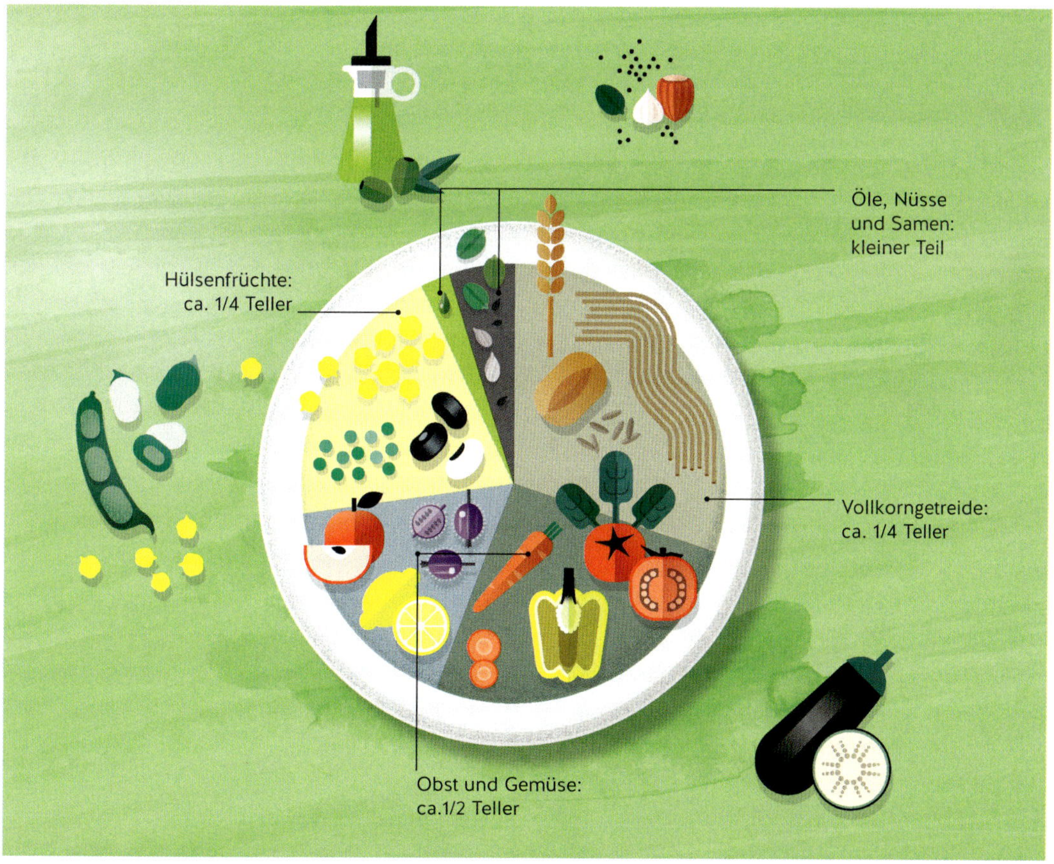

Der vegane Teller zeigt dir, wie du deine täglichen Mahlzeiten zusammenstellen kannst, damit deine Lieben optimal mit allen Mikro- und Makronährstoffen versorgt sind.

DAS ABC DER NÄHRSTOFFE: MAKRO- UND MIKRONÄHRSTOFFE

Wer sich vegan ernährt oder Kinder hat, die dies tun möchten, sollte sich ein wenig mit Ernährung auskennen, daher gibt es jetzt ein bisschen Grundlagenwissen. Aber keine Sorge: es bleibt leicht verständlich und wir bleiben an der Oberfläche. Tiefer einsteigen, kannst du z. B. in meiner Online-Akademie.

Getreide, tierische Produkte, Hülsenfrüchte, Obst, Gemüse und all das Leckere, was wir so essen, setzt sich aus verschiedenen Stoffen zusammen, den sogenannten Makro- und Mikronährstoffen. Zu den Makronährstoffen zählen **Eiweiße, Fette** und **Kohlenhydrate.** Sie dienen dem Körper als Energielieferanten und zum Aufbau des Körpergewebes. Zu den Mikronährstoffen gehören **Vitamine, Mineralstoffe, Spurenelemente** sowie **sekundäre Pflanzenstoffe.** Sie alle haben unterschiedlichste, meist komplexe Funktionen im menschlichen Organismus und sind z. B. an der Verarbeitung der Makronährstoffe beteiligt und dienen in Stoffwechselprozessen als wichtige Elemente. Sie tragen zur Gesunderhaltung des Körpers, der Regeneration und dem Aufbau von Körpergewebe bei. Die meisten der Mikronährstoffe sind für den Menschen essenziell und müssen über die Nahrung zugeführt werden.

ALLES IST MIT ALLEM VERBUNDEN

Alle diese noch so kleinen Elemente spielen im Gesamtgefüge Körper jedes für sich eine wichtige Rolle. Da einige Mikronährstoffe ähnliche Symptome hervorrufen, wenn sie in zu geringen Mengen vorhanden sind, ist es sinnvoll, von Anfang an auf eine ausgewogene und ausreichende Zufuhr aller Nährstoffe zu achten. Eine regelmäßige Überprüfung der Blutwerte verhindert, dass das gesamte System Körper ins Ungleichgewicht gerät. Das gilt übrigens gleichermaßen für Mischköstler und Veganer.

BODENAUSLAUGUNG = NÄHRSTOFFARMUT IN PFLANZEN

Egal, wie wir uns in der heutigen Zeit ernähren, wir sind alle davon betroffen, dass die Böden durch die Intensiv-Landwirtschaft ausgewaschen sind und der Nährstoffgehalt der Pflanzen immer geringer wird. Zudem lässt man die Pflanzen nicht mehr voll ausreifen, sodass sie nicht alle Vitamine ausbilden können. Und warum? Damit wir zu jeder Jahreszeit alles an Obst und Gemüse zur Verfügung haben. Damit die Früchte der Erde noch nach vielen Tagen hübsch im Ladenregal aussehen oder aber tausende Kilometer Transport überstehen. Damit die Tiere in der Intensiv-Tierzucht keinen

Vitaminmangel bekommen und kränklich werden (was sie oft trotzdem werden, vor allem durch die grausamen Bedingungen), werden ihnen u. a. Nahrungsergänzungsmittel ins Futter gemischt. Das bedeutet, Mischköstler nehmen unbewusst zahlreiche Supplemente zu sich und zwar jeden Tag über den Konsum von tierischen Produkten. Das Argument, dass man in der veganen Ernährung zu viel Supplementieren muss und dass das unnatürlich ist, wird durch diesen Punkt in ein neues Licht gerückt, denn Mischköstler supplementieren täglich, nur eben über den Umweg Tier.

CHRONISCHER STRESS

Heutzutage sind nicht mehr nur Erwachsene in vielen Bereichen gestresst, sondern auch schon Kinder. Das liegt nicht nur daran, dass das Leben im Allgemeinen so schnell und hektisch geworden ist, sondern auch daran, dass wir neben nährstoffarmen Lebensmitteln auch immer mehr Umweltgiften (z. B. CO_2, Pestizide, Schwermetalle, hochfrequente Strahlung) ausgesetzt sind, die den Körper belasten. Dies führt zu einem erhöhten Nährstoffbedarf, welcher durch eine normale Ernährung oft nicht abgedeckt wird, weil der Nährstoffgehalt der Pflanzen insgesamt gesunken ist. Auf den nächsten Seiten erfährst du mehr darüber, welche Nährstoffe besonders kritisch sind und nicht nur in der veganen Ernährung nach heutigem Wissensstand im Auge behalten beziehungsweise supplementiert werden sollten.

WIE KRITISCH SIND DIE KRITISCHEN NÄHRSTOFFE WIRKLICH?

Wenn sich dein Kind entschließt, sich vegan zu ernähren, ist es unerlässlich, sich über die nach heutigem Kenntnisstand für die vegane Ernährung kritischen Nährstoffe umfangreich zu informieren. Daher tauchen wir nun ein wenig tiefer.

In diesem Buch bekommst du einen groben Überblick und ich möchte dich dazu ermutigen, dich für das Thema zu öffnen. Du wirst sehen, so kompliziert ist es nicht, wenn du dich erstmal ein bisschen mit dem Thema beschäftigt hast. Zudem ist es empfehlenswert, sich umfangreich mit dem Thema Nährstoffe auseinanderzusetzen, wenn du Kinder hast, egal, wie sie sich ernähren. Denn auch bei Mischköstlern drohen Mangelzustände, wenn man nicht aufpasst.

VITAMIN B_{12} …

… ist das bekannteste, weil kritischste Vitamin der veganen Ernährung und muss mit einem Nahrungsergänzungsmittel supplementiert werden! In der mischköstlichen Ernährung nehmen wir in der Regel ausreichend Vitamin B_{12} über Milchprodukte, Eier und Fleisch zu uns. In Pflanzen steckt dagegen so gut wie kein Vitamin B_{12}. Ausnahmen bilden fermentierte Lebensmittel, wie Sauerkraut und Tempeh. Mikroorganismen bilden während der Gärung geringe Mengen an Vitamin B_{12}. Auch einige Algen weisen einen geringen und nicht gesicherten Gehalt an B_{12} auf, sodass sie zur Deckung des Bedarfs nicht empfehlenswert sind.

Vitamin B_{12} ist ein essenzieller Nährstoff, der dem menschlichen Organismus mit der Nahrung bzw. über Nahrungsergänzungsmittel zugeführt werden muss. Das Vitamin ist ein wesentlicher Faktor im Energiestoffwechsel der Zellen, wird für die Bildung der roten Blutkörperchen benötigt und dient als bedeutsamer Bestandteil der Nerven-Ummantelung (Myelinscheiden). Wird der Organismus unzureichend mit Vitamin B_{12} versorgt, kann dies zu weitreichenden, teilweise irreversiblen Schäden führen. Klassische Symptome eines Vitamin-B_{12}-Mangels sind u. a. Müdigkeit, Verwirrtheit, Kribbeln und Taubheit der Gliedmaßen, depressive Verstimmungen, Gangunsicherheit und Kopfschmerzen. Im weiteren Verlauf kommt es zu weitreichenden psychischen Symptomatiken, wie u. a. starke Depressionen sowie Psychosen mit irreversiblen Nervenschädigungen.

VITAMIN D …

… ist genau genommen kein Vitamin, sondern eine Hormonvorstufe. Es gehört zu den fettlöslichen Vitaminen und kann bei Sonnenbestrahlung der Haut in dieser selbst gebildet werden. In Kombination mit Kalzium ist Vitamin D essenziell für den Knochenstoffwechsel. Es spielt eine Rolle für das Immunsystem, bei der Muskelkontraktion und für das Nervensystem. Neueste Forschungsergebnisse betonen die umfassende Bedeutung von Vitamin D für den menschlichen Körper. So wird z.B. auch ein Zusammenhang zwischen einem niedrigen Vitamin-D-Spiegel und Depressionen diskutiert. Da wir in Deutschland von September bis März eine zu geringe Sonneneinstrahlung haben, wird in diesen Monaten eine Supplementation von der DGE empfohlen. Auch im Sommer, wo sich die meisten Menschen mit hohen Sonnenschutzfaktoren vor den schädlichen Strahlen der Sonne schützen wollen, wird die Bildung von Vitamin D negativ beeinflusst – das sollten wir uns bewusst machen und bei Bedarf supplementieren. Vitamin D muss aber zumindest in den Wintermonaten ergänzt werden, übrigens auch von Mischköstlern!

OMEGA-3-FETTSÄUREN

Diese Fette nehmen wir in der Regel über fetten Seefisch mit der Nahrung zu uns. Da dies in der veganen Ernährung wegfällt, ist auch hier eine regelmäßige Ergänzung empfehlenswert bzw. der tägliche Verzehr von Omega-3-reichen Lebensmitteln notwendig. Nebenbei sei erwähnt, dass u.a. Studien aus dem Jahre 2016 ergaben, dass auch Mischköstler bzw. Vegetarier mit Omega-3-Fettsäuren mangelhaft versorgt sind.

Omega-3-Fettsäuren sind an einer Vielzahl von Stoffwechselprozessen beteiligt. Eine ausreichende Zufuhr schützt vor Herzerkrankungen, wirkt entzündlichen Prozessen z.B. in den Gelenken entgegen, begünstigt die Fließeigenschaft des Blutes und kräftigt Haut-, Schleimhaut- und Haargesundheit. Omega-3-Fettsäuren sind u.a. an der Produktion von diversen Hormonen beteiligt, an der Proteinbildung sowie an der Bildung von körpereigenen Abwehrzellen.

Vegan lebende Menschen bekommen ihre Omega-3-Fettsäuren z.B. aus Leinöl, Hanföl, Avocado, Chia-Samen und Walnüssen sowie aus Algen. Das ist im ersten Schritt ausreichend. Allerdings ist das Ganze etwas komplexer, denn in den genannten Lebensmitteln ist nur eine Vorstufe (ALA) der wichtigen Omega-3-Fettsäuren enthalten, aus dieser kann der Organismus dann die eigentlich wichtigen und essenziellen Fettsäuren EPA (Eicosapentaensäure) und DHA (Docasahexaensäure) bilden. Leider ist die Umwandlungsrate aus verschiedenen Gründen nicht immer optimal, sodass es sicherer ist, EPA und DHA über Algenöl direkt aufzunehmen.

KALZIUM …

… ist u.a. im Wachstum ein wichtiger und in der veganen Ernährung ein kritischer Mineralstoff. Aber auch in allen anderen Altersklassen ist eine ausreichende Kalziumzufuhr unerlässlich. Kalzium ist nicht nur für eine gute Knochengesundheit verantwortlich, sondern auch wichtiger Bestandteil der Zähne, essenziell für die Blutgerinnung, sowie die Muskelkontraktion. Zudem ist Kalzium Bestandteil der Zellwände und an der Reizweiterleitung beteiligt. Kalzium ist mengenmäßig der wichtigste Mineralstoff des Körpers, die Knochen stellen dabei den größten Speicher dar. Kommt Kalzium in der Ernäh-

Hülsenfrüchte, Nüsse und Samen sind gute Eiweißquellen und liefern Mineralstoffe.

rung zu kurz, wird dieser wichtige Mineralstoff aus den Knochen ausgelagert und im Körper dorthin gebracht, wo er gebraucht wird, damit die Stoffwechselprozesse optimal ablaufen können. Was nicht unerwähnt bleiben soll: Kalzium ist nicht allein für die Knochengesundheit zuständig, auch Vitamin D, Magnesium, Vitamin K sowie Phosphor sind wichtige Bausteine für die Knochen.

Mandeln, Sesam, Haselnusskerne, Sojabohnen, Linsen, Tofu, Grünkohl, Brokkoli und Vollkorngetreide bzw. Pseudogetreide sind gute Kalziumquellen und sollten täglich verzehrt werden. Auch mit Kalzium angereicherte Pflanzendrinks sowie kalziumreiches Mineralwasser sind super Kalziumquellen.

VITAMIN B_2 (RIBOFLAVIN)

Dieses wasserlösliche und lichtempfindliche Vitamin ist Vorstufe für Co-Enzyme, die am Energie- und Proteinstoffwechsel beteiligt sind. Es hat außerdem viele weitere Funktionen im Organismus. Unter anderem ist es an der Bildung von roten Blutkörperchen und der Gesunderhaltung von Haut, Haaren und Nägeln beteiligt. Riboflavin befindet sich vor allem in Innereien, Fisch, verschiedenen Käsesorten und auch Getreidekeimlingen (z. B. Weizenkeime). In Mandeln, Champignons, Kürbiskernen und in Vollkorngetreide befinden sich ausreichende Mengen, sodass man mit der veganen Ernährung einem Mangel ohne Probleme vorbeugen kann. Da Vitamin B_2 sehr lichtempfindlich ist, sollten riboflavinreiche Lebensmittel wie Mandeln oder Weizenkeimflocken abgedunkelt aufbewahrt werden.

EISEN ...

... ist der Nährstoff, der den Allermeisten einfällt, wenn es um pflanzliche Ernährung geht. Na klar: ohne Fleisch kein Eisen, so der Mythos. Das ist aber längst überholt und auch mit einer rein pflanzlichen Ernährung ist es gut möglich, ausreichend Eisen aufzunehmen. Bei der VeChi-Diet-Studie von Dr. Markus Keller wurde sogar festgestellt, dass die untersuchten veganen Kinder eine sehr gute Versorgung mit eisenreichen Lebensmitteln aufwiesen. Da dies allerdings eine Verzehrstudie war und nicht die Gehalte im Blut gemessen wurden, gibt es keine Entwarnung für dieses Spurenelement.

Wir müssen diesen Nährstoff im Auge behalten (insbesondere bei Mädchen ab der Pubertät), denn Eisen hat die wichtige Aufgabe, Sauerstoff durch das Blut und damit durch den Organismus zu transportieren. Eisen hat eine wichtige Funktion für das Immunsystem sowie für die Gehirnfunktion und ist noch für viele andere Stoffwechselprozesse wichtig. Wer zu wenig Eisen aufnimmt und unter einem Eisenmangel leidet, fühlt sich abgeschlagen, müde, wenig leistungsfähig, hat unter Umständen ein geschwächtes Immunsystem, sowie eingeschränkte kognitive Fähigkeiten.

Eisenreich sind z. B. Weizenkleie, Sesam, Pistazien, alle grünen Blatt- und Kohlgemüse und natürlich verschiedene Hülsenfrüchte, allen voran Linsen (s. Tabelle S. 30). Um die Eisenaufnahme zu optimieren, wird empfohlen, Vitamin-C-haltiges Obst oder Gemüse mit eisenhaltigen Lebensmitteln zu kombinieren. Koffeinhaltige Getränke hemmen die Eisenaufnahme. Mit Schwarztee, Kaffee (Erwachsene) oder Kakao daher bestenfalls 2 Std. nach dem Essen warten.

ZINK …

… ist ein essenzielles Spurenelement. Es ist an über 300 Stoffwechselvorgängen als Co-Faktor beteiligt. U. a. ist es wichtig für die Wundheilung, das Immunsystem, die Verwertung der Hauptnährstoffe und für die Fortpflanzung. In der rein pflanzlichen Ernährung können wir es über Vollkornprodukte, Nüsse, Samen und Hülsenfrüchte aufnehmen. Wichtig zu wissen: Auch hier sollten die Aufnahmebedingungen optimiert werden. Getreide, Samen und Hülsenfrüchte enthalten einen aufnahmehemmenden Stoff namens Phytinsäure. Durch Einweichen, Keimen oder Fermentieren wird die Phytinsäure abgebaut und die Mineralstoffe in den Pflanzen werden besser aufgenommen. Vitamin C-haltige Lebensmittel verbessern auch hier die Aufnahme.

SELEN …

… ist ebenfalls ein essenzielles Spurenelement, welches ebenso wie Zink bei sehr vielen Stoffwechselprozessen im ganzen Organismus beteiligt ist. Hauptspeicherort ist die Skelettmuskulatur. Daher ist eine Überprüfung des Selenstatus über einen Bluttest sehr schwierig. Wird Selen zu wenig über die Nahrung zugeführt, werden im gesamten Körper die Selenspeicher so umsortiert, dass die Zellen und Organe, die überlebenswichtige Funktionen für das gesamte System erfüllen, als erstes versorgt werden.

Grünes Blattgemüse ist reich an Vitaminen, Mineral-, Ballast- und sekundären Pflanzenstoffen.

Selen ist Bestandteil vieler wichtiger Enzyme, z. B. antioxidativ wirkender Enzyme, die den Organismus vor freien Radikalen schützen. Es spielt eine wichtige Rolle bei der Aktivierung der Schilddrüsenhormone und ist in der Lage, für den Körper giftige Schwermetalle unschädlich zu machen. Auch bei der Immunabwehr und der Fortpflanzung ist Selen ein essenzieller Faktor. Pflanzen nehmen Selen über den Boden auf. Daher ist der Selengehalt des Bodens entscheidend für den Selengehalt der Pflanze. In Europa herrscht weitgehend Selenarmut in den Böden, sodass europäische Pflanzen in der Regel keinen hohen Selenwert aufweisen. Wer sich rein pflanzlich ernährt, ist gefährdet, zu wenig Selen aufzunehmen. Häufig wird von veganen Ernährungsberatern empfohlen, den Selengehalt über Paranüsse zu decken. Paranüsse kommen oft aus Südamerika, wo der Boden reich an Selen ist. Es gibt allerdings zwei Dinge zu berücksichtigen: Zum einen schwankt der Selengehalt oft sehr stark und ist manchmal viel zu hoch. Zum anderen reichern Paranüsse neben Selen auch radioaktives Radium an. Sicherer ist eine Supplementierung.

JOD ...

... ist ein essenzielles Spurenelement und wichtiger Bestandteil der Schilddrüsenhormone, die zahlreiche Stoffwechselprozesse im Organismus regulieren. So steuern sie u. a. die Proteinbildung, den Fettstoffwechsel und den Kohlenhydratstoffwechsel. Sie sind essenziell für die Zellteilung und das Gewebewachstum. Im Kindesalter sind sie z. B. für die altersentsprechenden Wachstumsprozesse und die Reifung des Gehirns verantwortlich. Ein Jodmangel hat viele Gesichter, am bekanntesten ist die geistige Retardierung. Aber auch Abgeschlagenheit, Müdigkeit, Gewichtszunahme, Kälteempfindlichkeit, Schlafstörungen und trockene, raue Haut können einen Mangel an Jod anzeigen.

Deutschlands Böden sind arm an Jod. Die Nutzung von jod-angereichertem Speisesalz hilft, einen geringen Teil des Bedarfs zu decken. Mischköstler bekommen durch den Verzehr von Milch, Käse und Fleisch noch zusätzlich Jod, da den Tieren Jod ins Tierfutter gemischt wird und tierische Produkte dadurch eine gute Jodquelle darstellen. Wenn man sich vegan ernährt, fehlt einem hier die Zufuhr. Da sich bis auf in Algen, Speisesalz und in mit Jodsalz gebackenem Brot keine nennenswerten Mengen an Jod in Pflanzen befinden, ist es am sichersten, Jod zu supplementieren.

PROTEINE ...

... zählen zu den Makronährstoffen. Fast jeder assoziiert mit Protein bzw. Eiweiß sofort Muskeln. Aber nicht nur für die Bildung von Muskelmasse wird Nahrungsprotein benötigt, sondern auch für viele andere Stoffwechselprozesse. Als strukturbildendes Element befindet sich Protein in jeder Körperzelle, ist wichtig für das Immunsystem und wird u. a. auch zur Energiegewinnung genutzt. Proteine bestehen aus unterschiedlichen Aminosäuren, die der menschliche Organismus nicht alle selbst bilden kann (unentbehrliche Aminosäuren).

In tierischen Lebensmitteln sind alle unentbehrlichen Aminosäuren enthalten,

Gekeimtes Getreide und Sprossen aus Hülsenfrüchten und Samen sind wahre Nährstoffwunder – super für vegane Kids!

während dies nicht bei allen pflanzlichen Proteinquellen der Fall ist. Im Fachjargon spricht man auch von der biologischen Wertigkeit eines Proteins. Wenn ein Lebensmittel nicht alle unentbehrlichen Aminosäuren enthält, ist die biologische Wertigkeit geringer. Durch eine gezielte Kombination von unterschiedlichen Proteinquellen führt man dem Körper ein breites Spektrum an pflanzlichen Proteinen zu, sodass die biologische Wertigkeit der Mahlzeit steigt. Intuitiv haben die Menschen diese Nahrungsmittel in ihren traditionellen Gerichten immer schon kombiniert, wie z. B. in Indien Linsen Dal mit Reis.

Ein Proteinmangel kommt in westlichen Ländern eher selten vor und geht in der Regel mit einem Mangel an Nahrungsenergie einher. Da wir in Deutschland eher selten zu wenig Energie aufnehmen, betrifft den Durchschnittsdeutschen ein Proteinmangel nicht. Die VeChi-Youth-Studie zeigte allerdings, dass Veganer zwar die Empfehlungen zur Proteinaufnahme erreichten, sich aber im untersten Bereich befanden. Durch die teilweise geringere biologische Wertigkeit von pflanzlichen Proteinen ist es also durchaus nötig, auf eine gute Kombination verschiedener Proteinquellen zu achten und auch die Proteinzufuhr jeden Tag im Auge zu behalten. Pflanzliche Proteinquellen sind vor allem Hülsenfrüchte wie Linsen, Bohnen und Kichererbsen, außerdem Vollkorn- und Pseudogetreide wie Haferflocken und Dinkel bzw. Amarant und Quinoa. Auch Nüsse, Kerne und Samen sind gute Proteinquellen.

NÄHRSTOFFE, DIE ERGÄNZT WERDEN MÜSSEN

Bei einer veganen Ernährung müssen für eine gute Versorgung ein paar essenzielle Nährstoffe durch Nahrungsergänzung zugeführt werden.

Behalte im Blick, wie dein veganes Kind mit kritischen Nährstoffen versorgt ist, indem du regelmäßig die Blutwerte kontrollieren lässt. Keine Sorge: Es ist nicht nötig, dass dein Kind von nun an morgens fünf verschiedene Tabletten schluckt, um gesund zu bleiben. Es gibt mittlerweile speziell auf Veganer abgestimmte Multi-Nährstoff-Präparate, in denen alle kritischen Nährstoffe auf einmal enthalten sind. Speziell bei Kindern bietet es sich an, sich für eines dieser Produkte zu entscheiden und den täglichen Bedarf z. B. durch einen hochwertigen Multi-Nährstoff-Saft oder Multi-Nährstoff-Kapseln sicherzustellen.

Welche Nährstoffe für dein Kind am kritischsten sind, klärst du am besten in einer qualifizierten Ernährungsberatung, dort erfährst du auch, welche Nährstoffpräparate empfehlenswert sind.

Nicht nur Veganer müssen Nährstoffe supplementieren, auch Mischköstler sind z. B. mit Vitamin D und Omega-3-Fettsäuren oft nicht ausreichend versorgt.

DIESE NÄHRSTOFFE MÜSSEN ERGÄNZT WERDEN!

NÄHRSTOFF	BEDARF	BEDARF
VITAMIN B_{12}	0 bis 4 Monate → 0,5 µg/Tag 4 bis 12 Monate → 1,4 µg/Tag 1 bis 4 Jahre → 1,5 µg/Tag 4 bis 7 Jahre → 2,0 µg/Tag 7 bis 10 Jahre → 2,5 µg/Tag 10 bis 13 Jahre → 3,5 µg/Tag 13 bis 20 Jahre → 4,0 µg/Tag	Vitamin B_{12} Zahncreme Vitamin B_{12} (Lutsch)tabletten Vitamintropfen als Cyano-, Methyl-, Adenosyl- oder Hydroxocobalamin
VITAMIN D	0 bis 12 Monate → 10 µg/Tag (400 IE) 1 bis 20 Jahre → 20 µg/Tag (800 IE)	Vitamintropfen als Cholecalciferol (D_3)
OMEGA-3-FETTSÄUREN	0 bis 4 Monate → 4,0 & 0,5* 4 bis 12 Monate → 3,5 & 0,5* 1 bis 4 Jahre → 3,0 & 0,5* 4 bis 15 Jahre plus → 2,5 & 0,5* *Angaben in % der empfohlenen Gesamt-Energie-Aufnahme Omega-6 & Omega-3	Algenöl von Norsan (gibt es extra auch für Kinder)
SELEN	4 Monate bis 4 Jahre → 15 µg/Tag 4 bis 7 Jahre → 20 µg/Tag 7 bis 10 Jahre → 30 µg/Tag 10 bis 13 Jahre → 45 µg/Tag 13 bis 15 Jahre → 60 µg/Tag 15 bis 19 Jahre → 70 (m)/60 (w) µg/Tag	Tropfen als Natriumselenit oder Natriumselenat
JOD	0 bis 4 Monate → 40 µg/Tag 4 bis 12 Monate → 80 µg/Tag 1 bis 4 Jahre → 100 µg/Tag 4 bis unter 7 Jahre → 120 µg/Tag 7 bis unter 10 Jahre → 140 µg/Tag 10 bis unter 13 Jahre → 180 µg/Tag 13 bis 19 Jahre → 200 µg/Tag	Tropfen als Jodid oder Jodad
EISEN nur, wenn der Blutwert erniedrigt ist	0 bis 4 Monate → 0,5 mg/Tag 4 bis 12 Monate→ 8 mg/Tag 1 bis 7 Jahre → 8 mg/Tag 7 bis 10 Jahre → 10 mg/Tag 10 bis 19 Jahre → 12 (m)/15 (w) mg/Tag	z. B. Saft

NÄHRSTOFFREICHE LEBENSMITTEL

In der Regel beziehen sich die Nährstoffangaben in gängigen Vergleichstabellen auf das rohe unverarbeitete Lebensmittel. Da dies aber in meinen Augen irreführend ist, führe ich zusätzlich die Nährstoffmenge auf das verzehrfähige Lebensmittel auf.

Auf den folgenden Seiten findest du Tabellen, die dir verraten, wie hoch der Gehalt einzelner kritischer Nährstoffe in gängigen Lebensmitteln ist. Damit du die Informationen richtig einordnen kannst, bekommst du hier eine Erklärung, wie die Tabellen zu lesen sind. Die erste Angabe bezieht sich auf 100 g des rohen bzw. des getrockneten Lebensmittels, die zweite Angabe auf das gegarte Lebensmittel. Die dritte Angabe gibt Auskunft über die Höhe des Nährstoffgehalts von einer durchschnittlichen Erwachsenenportion. Diese ist abhängig von Alter, Geschlecht und den individuellen Lebensumständen (z. B. Bewegungsintensität).

PROTEINREICHE LEBENSMITTEL

Es gibt viele pflanzliche Lebensmittel, die einen hohen Eiweißgehalt aufweisen, allerdings nicht alle unentbehrlichen (essenziellen) Aminosäuren enthalten. Vor allem Hülsenfrüchte und Getreide sind proteinreich. Wenn du beide Lebensmittelgruppen in Mahlzeiten kombinierst, kannst du die biologische Wertigkeit deiner Eiweißversorgung verbessern.

EISENREICHE LEBENSMITTEL

Eisenreiche Lebensmittel kombinierst du am besten mit Vitamin-C-reichen, um die Eisenaufnahme zu optimieren. Linsen stellen hier die beste Quelle dar, denn das Eisen ist dort in einem für den Körper sehr günstigen Komplex gebunden, sodass es optimal aufgenommen werden kann.

KALZIUMREICHE LEBENSMITTEL

Kalziumreiche Lebensmittel sollten Teil jeder Mahlzeit sein!

VITAMIN-B-REICHE LEBENSMITTEL

Vitamin B_{12} wird in dieser Tabelle ausgespart, da rein pflanzliche, vegane Lebensmittel in der Regel keine natürliche Quelle an B_{12} darstellen. Ich habe mich in dieser Übersicht darauf beschränkt, aufzuzeigen, in welchen Lebensmitteln sich nennenswerte Mengen des jeweiligen Vitamin B befinden.

OMEGA-3-REICHE LEBENSMITTEL

Auf das richtige Verhältnis kommt es an! Achte darauf, nicht zu viele Omega-6-Fettsäuren aufzunehmen, da diese die Umwandlung von ALA in EPA und DHA behindern. Dabei zählt vor allem das Verhältnis der Omega-6- zu den Omega-3-Fettsäuren. Dies liegt im Optimalfall bei 5:1 oder darunter. Achte unbedingt darauf, ausreichend Omega-3-fettsäurehaltige Lebensmittel in euren Speiseplan einzubauen. Das ist gar nicht so kompliziert, wenn du z. B. einen Esslöffel Leinsamen (am besten frisch geschrotet) oder Chia-Samen ins Müsli gibst. Auch eine Handvoll Walnüsse ist prima. Das richtige Salatöl verbessert die Versorgung. Da Sonnenblumenöl ein extrem schlechtes Verhältnis hat, solltest du es durch andere Öle ersetzen – zum Kochen eignet sich Raps- oder Olivenöl.

ZINKREICHE LEBENSMITTEL

Die Versorgung mit Zink ist in der Regel in der veganen Ernährung durch den Verzehr von Vollkorngetreide kein Problem. Wird allerdings kein Getreide aus dem vollen Korn verwendet (z. B. Vollkornnudeln, Vollkornreis, Vollkornbrot), muss unbedingt darauf geachtet werden, dass andere zinkreiche Lebensmittel auf dem Speiseplan stehen und die Zinkresorption durch Einweichen (z. B. der Nüsse und Samen), einen Spritzer Zitronensaft oder Fermentation optimiert wird.

SELENREICHE LEBENSMITTEL

Selen ist vor allem in Paranüssen und in Getreide aus Südamerika enthalten. Da der Selengehalt bei Paranüssen von Region zu Region sehr unterschiedlich sein kann und manchmal auch viel zu hoch ist, ist es ratsam, Paranüsse zu kaufen, auf denen der Selengehalt angegeben ist. Steinpilze haben je nach Anbaugebiet auch einen nennenswerten Selengehalt.

Mit der richtigen Kombination aus Lebensmitteln ist es gar nicht so schwer, sich nährstoffdicht zu ernähren.

PROTEINREICHE LEBENSMITTEL

PROTEINREICHE LEBENSMITTEL	GEHALT PRO 100 G ROH/GETROCKNET	GEHALT PRO 100 G GEGART/GEKOCHT	PRO PORTION
Sojabohnen	38,2 g	15,2 g	22,8 g (150 g)
Linsen	23,4 g	10,5 g	15,7 g (150 g)
Erbsen	22,9 g	7,2 g (TK)	10,8 g (150 g)
Weiße Bohnen	21,2 g	7,5 g	11,3 g (150 g)
Grüne Bohnen	20,7 g	2,6 g (TK)	3,9 g (150 g)
Kichererbsen	18,5 g	2,2 g (Dose)	3,3 g (150 g)
Tofu	15,5 g	15,5 g	15,5 g (100 g)
Erdnüsse	29,7 g	-	8,9 g (30 g)
Mandeln	24,0 g	-	7,2 g (30 g)
Walnüsse	16,0 g	-	4,8 g (30 g)
Amarant	14,3 g	4,1 g	4,1 g (100 g)
Quinoa	12,2 g	3,5 g	7,0 g (200 g)
Haferflocken	13,2 g	3,1 g	3,1 g (100 g)
Kürbiskerne	35,5 g	-	10,6 g (30 g)
Sonnenblumenkerne	26,1 g	-	7,8 g (30 g)

EISENREICHE LEBENSMITTEL

EISENREICHE LEBENSMITTEL	GEHALT PRO 100 G ROH/GETROCKNET	GEHALT PRO 100 G GEGART/GEKOCHT	PRO PORTION
Sojabohnen	6,6 mg	2,6 mg	3,9 mg (150 g)
Tofu	2,8 mg	2,8 mg	2,8 mg (100 g)
Linsen	8,0 mg	3,1 mg	4,6 mg (150 g)
Erbsen	5,1 mg	1,4 mg	2,1 mg (150 g)
Sesam	10 mg	-	3,0 mg (30 g)

EISENREICHE LEBENSMITTEL

EISENREICHE LEBENSMITTEL	GEHALT PRO 100 G ROH/GETROCKNET	GEHALT PRO 100 G GEGART/GEKOCHT	PRO PORTION
Kürbiskerne	4,8 mg	-	1,4 mg (30 g)
Hirse	9,0 mg	2,6 mg	5,2 mg (200 g)
Haferflocken	4,4 mg	1,1 mg	1,1 mg (100 g)
Amarant	7,6 mg	2,1 mg	2,1 mg (100 g)
Quinoa	2,9 mg	0,9 mg	1,8 mg (200 g)
Spinat	3,4 mg	3,6 mg	3,6 mg (100 g)
Brokkoli	0,8 mg	0,7 mg	0,7 mg (100 g)
Aprikose (getr.)	4,4 mg	-	1,3 mg (30 g)

KALZIUMREICHE LEBENSMITTEL

KALZIUMREICHE LEBENSMTTEL	GEHALT PRO 100 G ROH/GETROCKNET	GEHALT PRO 100 G GEGART/GEKOCHT	PRO PORTION
Sesam	783 mg	-	234,9 mg (30 g)
Mandeln	85 mg	-	25,5 mg (30 g)
Haselnüsse	149 mg	-	44,7 mg (30 g)
Chia-Samen	630 mg	-	94,5 mg (15g)
Amarant	214 mg	47 mg	47,0 mg (100 g)
Sojabohnen	200 mg	78 mg	117,0 mg (150 g)
Linsen	65 mg	25 mg	37,5 mg (150 g)
Brokkoli	58 mg	59 mg	59 mg (100 g)
Grünkohl	212 mg	177 mg	177 mg (100 g)
Spinat	117 mg	140 mg	140 mg (100 g)

KALZIUMREICHE LEBENSMITTEL

KALZIUMREICHE LEBENSMTTEL	GEHALT PRO 100 G ROH/GETROCKNET	GEHALT PRO 100 G GEGART/GEKOCHT	PRO PORTION
kalziumreiches Mineralwasser	62 mg	-	62 mg (100 ml)
angereicherter Pflanzendrink mit Lithothamnium Calcareum	120 mg	-	120 mg (100 ml)

VITAMINREICHE LEBENSMITTEL

VITAMINREICHE LEBENSMITTEL	B_1 (THIAMIN)	B_2 (RIBOFLAVIN)	B_3 (NIACIN)	B_5 (PANTOTHENSÄURE)	B_6 (PYRIDOXIN)	B_7 (BIOTIN)	B_9 (FOLSÄURE)
Hirse gekocht	x		x	x	x		
Amarant	x	x	x		x		
Haferflocken			x	x		x	
Buchweizen	x		x	x	x		
Weizenkeime	x	x		x	x		x
Sonnenblumenkerne	x				x	x	x
Sesam	x			x	x	x	x
Erbsen	x	x	x	x	x		x
Linsen	x			x	x		x
Kartoffeln			x	x	x		
Brokkoli		x	x	x	x		
Grünkohl	x	x	x		x		x
Champignons			x	x		x	
Banane				x	x	x	

OMEGA-3- UND OMEGA-6-REICHE LEBENSMITTEL

OMEGA-3- UND OMEGA-6-REICHE LEBENSMITTEL	OMEGA-6 (LA)	OMEGA-3 (ALA)	VERHÄLTNIS OMEGA-6: OMEGA-3	PRO PORTION OMEGA-6: OMEGA-3
Leinöl	14.000 mg	54.000 mg	0,3:1	1400:5400 mg (10 g)
Hanföl	50.000 mg	18.000 mg	2,8:1	5000:1800 mg (10 g)
Walnussöl	55.000 mg	13.000 mg	4,2:1	5500:1300 mg (10 g)
Rapsöl	22.000 mg	9.000 mg	2,4:1	2200:900 mg (10 g)
Olivenöl	8000 mg	1000 mg	8:1	800:100 mg (10 g)
Sonnenblumen-kernöl	63.000 mg	500 mg	126:1	6300:50 mg (10 g)
Leinsamen	5453 mg	20.178 mg	0,3:1	818:3027 mg (15 g)
Chia-Samen	5600 mg	20.900 mg	0,27:1	840:3135 mg (15 g)
Walnüsse	34.000 mg	8000 mg	4,3:1	10.200:2400 mg (30 g)
Erdnüsse	14.000 mg	500 mg	28:1	4200:150 mg (30 g)
Avocado	2000 mg	200 mg	10:1	2000:200 mg (100 g)
Sonnenblumen-kerne	16.555 mg	26 mg	637:1	4966:7,8 mg (30 g)

ZINKREICHE LEBENSMITTEL

ZINKREICHE LEBENSMITTEL	GEHALT PRO 100 G ROH	GEHALT PRO 100 G GEGART/GEKOCHT	PRO PORTION
Haferflocken	3,6 mg	0,8 mg	3,6 mg (100 g roh)
Vollkorn-Buchweizen	2,7 mg	1,4 mg	1,4 mg (100 g gek.)

ZINKREICHE LEBENSMITTEL

ZINKREICHE LEBENSMITTEL	GEHALT PRO 100 G ROH	GEHALT PRO 100 G GEGART/GEKOCHT	PRO PORTION
Hirse	2,2 mg	1 mg	2 mg (100 g)
Cashewkerne	5,1 mg	-	1,5 mg (30 g)
Chia-Samen	4,6 mg	-	0,7 mg (15 g)
Sesam	7,8 mg	-	2,3 mg (30 g)
Kürbiskerne	6,1 mg	-	1,8 mg (30 g)
Sonnenblumenkerne	5,8 mg	-	1,7 mg (30 g)
Kichererbsen (getr.)	2,3 mg	0,3 mg	0,5 mg (150 g)
Linsen (getr.)	3,4 mg	1,4 mg	2,1 mg (150 g)
Erbsen (getr.)	3.3 mg	0,9 mg (TK)	1,4 mg (150 g)
Brokkoli	0,5 mg	0,4 mg	0,4 mg (100 g)
Spinat	0,7 mg	0,8 mg	0,8 mg (100 g)
Aprikosen (getr.)	0,4 mg	-	0,1 mg (30 g)

SELENREICHE LEBENSMITTEL

SELENREICHE LEBENSMITTEL	GEHALT PRO 100 G ROH	GEHALT PRO 100 G GEGART/GEKOCHT	PRO PORTION
Paranüsse	640 µg	-	6,4 µg (10 g)
Steinpilze	187 µg	k. A.	187 µg (100 g)

DIE VEGANE LEBENSMITTELPYRAMIDE

Die vegane Ernährungspyramide zeigt dir schnell und übersichtlich, wie ein vollwertiger, veganer Tag aussehen sollte.

MEIN KIND IST EIN PICKY EATER – UND JETZT?

Dein Kind ist total wählerisch, was Essen angeht, und du sorgst dich, dass die Lebensmittelauswahl noch kleiner wird, wenn ab jetzt alle tierischen Produkte wegfallen?

Meine erste Empfehlung lautet, eine Liste mit allen Lebensmitteln zu erstellen, die das Kind tatsächlich isst. Wenn dein Kind groß genug ist, dann macht ihr das gemeinsam. Die Liste bekommt fünf Spalten: eine Spalte für Lebensmittel, die immer schmecken, eine Spalte für Lebensmittel, die in einer bestimmten Konsistenz akzeptable sind (roh, gekocht, gebraten ...), eine Spalte für Lebensmittel, die nur manchmal gehen, eine Spalte für Lebensmittel, die mal getestet werden könnten und eine Spalte für Lebensmittel, die dein Kind gar nicht mag.

Wenn das Kind älter als sieben ist, kannst du ihm erklären, dass es bestimmte Dinge wie Hülsenfrüchte und Vollkorngetreide essen sollte, damit sein Körper gesund bleibt. Das gilt übrigens auch für Mischköstler, besonders aber für Kinder, die sich vegan ernähren möchten. Dabei ist im ersten Schritt noch nicht wichtig, dass es das ganze Spektrum an Hülsenfrüchten isst, sondern dass ihr gemeinsam eine Sorte findet, die geht. Macht euch gemeinsam auf die Suche nach geeigneten Proteinquellen, die das Kind essen mag. Beim Gemüse oder Obst gibt es meistens das eine oder andere, das akzeptiert wird. Daraus kreierst du die unterschiedlichsten Gerichte und bietest deinem Kind immer wieder die Möglichkeit, auch andere Obst- bzw. Gemüsesorten und Hülsenfrüchte zu probieren.

Das Wichtigste ist, keinen Druck auszuüben und der Körperintelligenz deines Kindes zu vertrauen. Nimm es immer wieder mit in die Obst- und Gemüseabteilung des Supermarktes und lass es selbst aussuchen, worauf es Appetit hat. Lade dein Kind auch ein, leichte Tätigkeiten beim Kochen zu übernehmen. Das motiviert Kinder, Lebensmittel zu probieren, die sie sonst vielleicht links liegen lassen. Du wirst sehen, die Palette der Lebensmittel wird mit der Zeit größer.

TRICKSEN ERLAUBT

Diverses Gemüse in Saucen und Suppen zu pürieren, ist meine zweite Empfehlung (dabei sollte dein Kind allerdings nicht helfen, sonst klappt der Trick verständlicherweise nicht). Viele Kinder picken Gemüse aus Saucen und Suppen heraus, wenn sie es sehen. Püriert wird es oft toleriert, mit Sojacreme oder auf Tomatensauce-Basis stechen die einzelnen Gemüse nicht so stark heraus.

Schön angerichtetes Essen löst manchen Widerstand gegen Gesundes ganz einfach auf.

Auch das besonders hübsche Anrichten auf Tellern ist eine Möglichkeit, unbeliebtes Obst und Gemüse attraktiver zu machen – z. B. ein Brot mit Augen aus Tomaten, einer Gurken-Nase und einem Möhren-Mund oder ein Gesicht aus Kartoffelpüree-Basis mit Haaren aus Bohnen, Augen aus Falafelbällchen, einer Möhren-Nase und einem Mund aus geröstetem Sesam. Hole dir dazu Inspirationen aus dem Internet. Fein geraspelte Salate mit einer milden Zitronen-Sojacreme-Sauce, eingerollt in einen Wrap, sind gute Möglichkeiten, um mal auf eine andere Art und Weise Gemüse anzubieten. Panierte und frittierte Speisen sind beliebt bei vielen Kindern. Gemüse zu panieren und zu braten bzw. zu frittieren, könnte ein gangbarer Weg sein, um neues Gemüse einzuführen. Serviert mit einem leckeren Dip, schmeckt das der ganzen Familie. Besonders wählerische Kinder sollten das Gefühl haben, dass sie immer selbst entscheiden können, was sie essen. Allerdings bestimmt ihr als Eltern das Angebot und lenkt dadurch liebevoll, was genau auf dem Teller landet.

Das Wichtigste ist allerdings in meinen Augen, dem Thema Picky Eater nicht zu viel Raum zu geben, denn sonst identifiziert sich das Kind auf unbewusste Art und Weise zu sehr damit. Es kann auch sein, dass du das Gefühl hast, dass dein Kind das Essen benutzt, um etwas Spezielles zu erreichen. Hier heißt es aufmerksam hinzuschauen! Fühl dich in dein Kind ein und spüre, welches Thema tatsächlich darunter liegt. Damit kann das eigentliche Bedürfnis erkannt und eine gute Lösung gefunden werden.

Werde kreativ beim Anbieten von neuem Gemüse und mache es mit einfachen Tricks attraktiver.

VEGANE ERNÄHRUNG IM ALLTAG

Du hast in den vorherigen Kapiteln schon viel über Nährstoffe gelernt, auf die du achten solltest, wenn du ein veganes Kind mit durchfütterst. Jetzt geht es also darum, die vegane Ernährung in euren Patchfoodalltag bestmöglich zu integrieren.

Beim Frühstück ist das gar nicht schwer. Im Müsli gibt es anstelle von Milch oder Joghurt einfach eine pflanzliche Alternative. Achte darauf, dass du keine Müslimischungen mit Milchzusatz kaufst (Schoko-Müsli). Ebenso einfach gestaltet sich die Frühstücksbox für Kita oder Schule: Es gibt Obst, Snackgemüse und Vollkornbrot mit pflanzlichen Aufstrichen, veganem Käse oder pflanzlichem Aufschnitt. Dazu vielleicht ein paar Nüsse und Trockenfrüchte. Bei den Snacks brauchst du ein wenig Know-how – besonders mal eben schnell gekaufte Brötchen, Teilchen vom Bäcker oder Crêpes sind oft nicht vegan. Informiere dich vor Ort, welche veganen Teilchen es bei eurem Bäcker gibt.

Gewöhne dir für gemeinsame Mahlzeiten an, die Basis erstmal vegan zuzubereiten, dann einen Teil zur Seite zu stellen und für den Rest der Familie Käse, Sahne, Ei oder Fleisch bzw. Fisch dazuzugeben. Wenn du z. B. eine klassische Bolognese kochst, bereitest du zuerst die Tomatensauce zu und füllst dann einen Teil ab. Dann brätst du das Hackfleisch in einer Pfanne an, gibst die Tomatensauce dazu und lässt die Sauce fertig köcheln. Besprich mit deinem Kind, ob du noch eine vegane Variante zubereitest oder ob die beiseitegestellte Tomatensauce ausreicht. Das vegane Kind braucht nicht immer exakt das gleiche Essen wie der Rest der Familie. Vollkornnudeln mit ein, zwei Gemüsesorten und ein bisschen Tofu sind nicht arbeitsaufwendig. Wenn du viel arbeitest, organisiere dich so, dass du morgens oder abends (je nachdem wie es für dich besser passt) eine große Portion Rohkost vorbereitest. Die kommt dann mit einem feuchten Tuch abgedeckt in einer Frischhaltedose in den Kühlschrank. So hast du für die Brotboxen und den Nachmittag Snackgemüse und Obst. Aus den Resten kannst du z. B. abends eine Suppe kochen.

Es lohnt sich, sich mit dem Prinzip des Meal Prep zu beschäftigen. Hier werden Mahlzeiten optimiert geplant und vorgekocht. Wenn du einen Wochenplan schreibst, könntest du diesen Aspekt berücksichtigen. Du kochst z. B. die Kohlenhydrat-Komponente (Reis) in doppelter Menge. Am ersten Tag gibt es Reis mit Fisch/veganem Bratling und Gemüse und am zweiten Tag machst du eine Reis-Gemüsepfanne mit Nüssen. In meinem Online-Kurs »Meal Prep und Küchenpraxis« kannst du tiefer eintauchen.

FÜNF AM TAG

Eine ausgewogene, vollwertige vegane Ernährung setzt sich aus fünf Komponenten zusammen. Diese sind Vollkorngetreide, Hülsenfrüchte, frisches Obst und Gemüse, Nüsse, Kerne und Samen sowie hochwertiges Pflanzenöl.

Versuche, alle Komponenten täglich auf den Tellern deiner Lieben unterzubringen. Du wirst sehen: Nach kurzer Zeit klappt es wie am Schnürchen.

VOLLKORNGETREIDE ...

... sind Quelle komplexer Kohlenhydrate sowie von hochwertigem Protein, wichtigen Mineralstoffen und Spurenelementen. Bei der Herstellung von Vollkornprodukten werden die Randschichten des Getreidekorns und der Keimling mit verwendet, dadurch sind Vollkorngetreideprodukte reich an Nährstoffen und gesundheitsfördernden Ballaststoffen.

Zu Vollkornprodukten zählen zum Beispiel: Vollkornbrot, Vollkornnudeln, Vollkornreis, Quinoa, Amarant, Hirse, Vollkornmehle sowie Buchweizen und Vollkorn-Couscous. Auch Bulgur, der sehr beliebt bei Kindern ist, kann zu vollwertigem Getreide gezählt werden.

Achtung: Nicht alle Vollkornbrote sind tatsächlich aus dem vollen Korn gebacken. Beim konventionellen Bäcker enthalten Vollkornbrote häufig nur einen verschwindend kleinen Anteil Vollkornmehl und werden z.B. mit Malzextrakt braun eingefärbt.

HÜLSENFRÜCHTE ...

... sind Pflanzensamen, die in einer Hülse heranreifen. Neben hochwertigen Proteinen, sind sie reich an komplexen Kohlenhydraten, die im Körper nur langsam freigesetzt werden, wodurch ein längeres Sättigungsgefühl erzeugt wird. Hülsenfrüchte enthalten wertvolle B-Vitamine und Mineralien.

Um die Verträglichkeit von Hülsenfrüchten zu erhöhen, empfiehlt es sich, sie über Nacht einzuweichen. Wer zuvor nur wenig und eher selten Hülsenfrüchte gegessen hat, muss sein Verdauungssystem erst langsam an das neue Lebensmittel gewöhnen. Dafür eignen sich zum Beispiel Linsen, da sie leicht verdaulich sind. Steigere die Menge langsam. Manche vertragen die eine Hülsenfruchtsorte besser als eine andere. Es lohnt sich, auszuprobieren und das Ernährungsverhalten anzupassen.

Beispiele für Hülsenfrüchte: diverse Sorten von Bohnen wie weiße Bohnen, Limabohnen, Mungbohnen und Sojabohnen. Verschiedene Linsen wie Troja Linsen, gelbe Linsen, Tellerlinsen, außerdem Kichererbsen, Erbsen, Erdnüsse und Lupinen.

Besonders Beeren sind reich an wertvollen Antioxidanzien.

OBST UND GEMÜSE ...

... liefern uns reichlich Vitamine, Mineralstoffe und sekundäre Pflanzenstoffe. Zudem regen sie durch Ballaststoffe die Verdauung an. Hier gilt vor allem: Eat the rainbow – also möglichst bunt.

In dieser Lebensmittelgruppe gibt es ein paar absolute Booster, die je nach Jahreszeit reichlich verzehrt werden dürfen: Grünkohl (schmeckt ganz klein gehackt auch Kindern in Suppe oder Salat), Brokkoli und alle anderen Kreuzblütler, allgemein grünes (Blatt-) Gemüse, Zwiebelgewächse, wie z. B. Zwiebeln und Lauch, Süßkartoffeln, Pilze, Beeren, wie Heidelbeeren und Himbeeren, Steinobst, wie Kirschen und Pflaumen und vieles mehr.

Wie du vielleicht feststellst, sind nicht alle Sorten regional, tragen aber wie z. B. Süßkartoffel oder Avocado sehr positiv zu einer vollwertigen, veganen Ernährung bei. Entscheide selbst, wie viel du davon konsumieren möchtest.

NÜSSE, KERNE UND SAMEN ...

... sind kleine, feine Nährstoffbomben. Sie bringen neben wertvollen Mineralstoffen und überwiegend gesunden Fettsäuren auch eine hohe Energiedichte mit. Also Achtung: Bitte als Erwachsener in einem gesunden Maße zugreifen, für Kinder sind Nüsse und Co. wunderbare nährstoffdichte Lebensmittel. Zudem bringen sie noch pflanzliche Proteine mit.

Beispiele: Walnüsse, Mandeln, Cashewkerne, Pekannüsse, Pistazien, Kürbiskerne, Sesam, Chia-Samen, Leinsamen, Hanfsamen.

HOCHWERTIGE PFLANZENÖLE

Hochwertige pflanzliche Fettsäure-Quellen spielen eine wichtige Rolle in einer vollwertigen Ernährung, auch wenn sie nur in kleinen Mengen verzehrt werden.

Beispiele: Leinöl, Chia-Samenöl , Rapsöl, Hanföl, Walnussöl, Weizenkeimöl, Olivenöl; außerdem: Leinsamen, Chia-Samen, Walnüsse, Hanfsamen.

»Eat the rainbow« – je bunter, desto besser!

SO SIEHT EIN AUSGEWOGENER VEGANER TAG AUS

Ich gebe dir hier einige Optionen für eine leckere, rein pflanzliche Woche mit viel Abwechslung und allen Nährstoffen, die ihr für ein gesundes, aktives Leben benötigt.

Die Portionsgrößen passt du bitte auf deine/eure Bedürfnisse an. Kinder essen mengenmäßig natürlich kleinere Portionen als Erwachsene, dafür bekommen sie zwei Zwischenmahlzeiten bzw. in Schule und Kindergarten ein zweites Frühstück.

MONTAG

Frühstück
Mango-Kokos-Chia-Pudding
2. Frühstück
Beeren-Smoothie
Mittagessen
Blitzschnelle Nudeln
Snack
Kernige Knusperriegel
Abendessen
Linsenaufstrich, Tomate, VK-Brot

DIENSTAG

Frühstück
Porridge
2. Frühstück
Amarant-Bällchen & Obst
Mittagessen
Smashed Potatoes mit Gevlügel-Nuggets plus Möhrensalat
Snack
Rohkoststicks mit Dips
Abendessen
Linsen-Wraps

MITTWOCH

Frühstück
Rühr-Tofu mit VK-Brot
2. Frühstück
Müsliriegel
Mittagessen
Tomatensalat mit Avocado und VK-Brot
Snack
Weiße-Bohnen-Hummus mit Rohkost
Abendessen
Nudelauflauf

DONNERSTAG

Frühstück
Pancakes
2. Frühstück
Pausenbrot (s. Lunchbox)
Mittagessen
Linsensalat im Glas
Snack
Brezel-Happen
Abendessen
Möhrensalat mit VK-Brot

Rund um die Uhr gesund genießen: Ein veganer Tag steckt voller unterschiedlicher Geschmackserlebnisse: Von süß bis würzig und pikant ist alles dabei.

FREITAG

Frühstück
Kokosjoghurt mit Sesam
2. Frühstück
Würziger Paprikastreich auf VK-Brot & Saaten
Mittagessen
Gemüsesuppe mit Croûtons
Snack
Apfel-Zimt-Ringe
Abendessen
Lauchsuppe

SAMSTAG

Frühstück
Baked Oats
2. Frühstück
Avocado-Mango-Smoothie
Mittagessen
Spaghetti Carbonara
Snack
Frozen Hazelnut Bites
Abendessen
Gemüseregenbogen im Glas

SONNTAG

Frühstück
Sonntagsbrötchen mit Schoko-Aufstrich
2. Frühstück
Green Juice
Mittagessen
Gulasch
Snack
Kuchen im Glas
Abendessen
Salatmuffelsalat mit VK-Brot

WIE BRINGT MAN ALLE GESCHMÄCKER UNTER EINEN HUT?

Hast du dir auch schon manchmal gewünscht, zaubern zu können? Wenn man für mehr als zwei Menschen kocht, kann es manchmal ganz schön herausfordernd sein, allen Bedürfnissen und Geschmäckern gerecht zu werden.

Es wird gegessen, was auf den Tisch kommt! Das hat früher vielleicht funktioniert, doch heute, wo unsere Kinder gefühlt 1000-mal willensstärker sind als wir selbst es als Kinder waren, ist das ein anderes Thema. Wir bemühen uns, unseren Kindern offen und bedürfnisorientiert zu begegnen, ob nun auf Beziehungs- oder auf Ernährungsebene. Wir wünschen uns, dass es allen am Tisch schmeckt und jeder das Essen, was wir mit Liebe zubereitet haben, gern isst.

DU LIEBST MICH NICHT, WENN DU MEIN ESSEN NICHT ISST!

Es gab früher auch diese Situationen, bei denen sich Großmütter emotional abgelehnt fühlten, weil uns Kindern ihr Essen nicht schmeckte - hast du das auch noch erlebt? In einer Generation, in der Liebe zu ihren nächsten Verwandten nicht offen ausgesprochen wurde (die Gründe lassen wir mal außen vor), gab es Rituale, die ein Ausdruck der Liebe waren und dem Gegenüber durch Taten zeigen sollte, dass er geschätzt bzw. geliebt wurde.

Ein starkes Ritual, um seine Liebe auszudrücken, war und ist teilweise bis heute das Essen. Wenn das mit so viel Liebe gekochte Essen abgelehnt wurde, war man persönlich betroffen und beleidigt. Es war ein Schlag ins Gesicht, weil man die Ablehnung des Essens mit der Ablehnung seiner Liebe verwechselt hat. Diese Strukturen sitzen in dem ein oder anderen noch in Ansätzen fest. Spürst du diesen Anflug von Beleidigtsein auch manchmal?

Hand aufs Herz: Also, ich kenne das! Auch wenn mir schnell wieder bewusst wird, dass das abgelehnte Essen nichts mit meinem Wert zu tun hat und auch nicht bedeutet, dass ich weniger geliebt werde. Gut, dass wir heute weitgehend so reflektiert sind, dass wir in diese Falle nicht mehr tappen. Heute geht es darum, alle Bedürfnisse nach individuellem Geschmack an einen Tisch zu holen, bestmöglich zu befriedigen und dabei den gesundheitlichen Aspekt nicht zu vernachlässigen.

Der erste Schritt, um das zu erreichen, ist, ins Gespräch zu gehen und sich bewusst zu machen, wer welche Essensvorlieben hat. Sammelt gemeinsam Ideen, wie man damit umgehen kann, wenn Essen gekocht wird, das nicht jeden glücklich macht. Zum Beispiel könnte einer das Mittagessen bestimmen und der andere das Abendessen. Wenn nun das Lieblingsessen des einen das Hassessen des anderen ist, kann es vielleicht noch einen Salat oder etwas Rohkost mit einem leckeren Dip dazu geben, der dem anderen auch schmeckt. Wenn du einen Plan und die Bedürfnisse deiner Familienmitglieder im Blick hast durch euren regelmäßigen Austausch, dann wird sich schon sehr viel entspannen. Denn wenn sich die einzelnen Familienmitglieder gehört und gesehen fühlen, entspannen sie sich und werden damit in der Regel gleichzeitig flexibler.

FÜR JEDEN GESCHMACK SCHNELL WAS LECKERES ZAUBERN

Ja, du hast richtig gelesen, du lernst hier doch noch zaubern! Denn wenn du genau weißt, mit was du den einzelnen Familienmitgliedern beim Essen ein Lächeln ins Gesicht zauberst, dann ist das quasi magisch, nur ganz ohne Zauberei. Pure Achtsamkeit, Organisation und bewusste kleine Gesten werden in Zukunft deine Helferlein in der Küche sein.

Gemeinsam schmeckt es einfach besser: Sorge dafür, dass ihr regelmäßig zusammen esst.

Habe immer von jedem Familienmitglied mindestens eine Lieblingsspeise im Haus. Beispiel: Angefangen von für Person X ganz bestimmte Nudeln, für Person Y ein bestimmtes Gemüse, für Person Z die Lieblingsnüsse. Dazu zählen auch Joghurt, verschiedene Käsesorten, ein bestimmter Aufschnitt, Tiefkühlfrüchte, Frühstücksflocken oder auch mal Süßigkeiten. Natürlich kannst du auf diese Weise auch sanft lenken, was bei euch auf dem Tisch landet. Wenn es z. B. zuhause ein breites, buntes Spektrum an leckerem, süßem Obst und Gemüse gibt (auch TK), regt dies dazu an, eher danach zu greifen als zu Süßigkeiten.

Nun gibt es verschiedene Möglichkeiten: Zum einen kombinierst du aus den verschiedenen Lieblingszutaten von Person X, Y und Z ein komplettes Mahl, oder du machst einen Salat für Person Y, das Hauptgericht für Person X und das Dessert für Person Z. Verstehst du das Prinzip? Eigentlich ganz einfach, oder? Es braucht nur ein wenig Planung.

Ich mache es meistens so: Ich bereite eine Gemüsepfanne zu. Dabei gibt es eine Zutat, die einer z. B. nicht mag, auf die ich aber aus irgendeinem Grund nicht verzichten will. Ich brate dann alles Gemüse bis auf besagte Zutat an, teile einen Teil des gebratenen Gemüses ab und füge die Zutat der Pfanne hinzu.

DEN KOCHALLTAG VEREINFACHEN

Plane deine Woche und die Mahlzeiten, die du kochen möchtest, am Samstag gemeinsam mit der Familie. Dabei darf sich jeder ein Lieblingsgericht wünschen und ihr als Eltern schaut, dass um das Lieblingsessen herum ausreichend gesunde Lebensmittel oder Mahlzeiten angeboten werden.

Du kannst eine Koch-App zur Hilfe und Inspiration nehmen. Viele Apps haben eine Einkaufs-App verknüpft, sodass du direkt eine Einkaufsliste erhältst, wenn du die Gerichte ausgewählt hast. Wenn du »nur« mit einer Einkaufs-App arbeitest, dann gib alle nötigen Zutaten in die Einkaufsliste ein, die du für die Woche benötigst. Eine klassische Liste auf Papier tut es natürlich auch – so kannst du effektiv einkaufen und bist sicher, dass alle Zutaten im Haus sind.

Am Sonntag kannst du einzelne Mahlzeiten oder Mahlzeiten-Komponenten vorkochen. Diese werden entweder in Glas-Vorratsdosen im Kühlschrank aufbewahrt oder eingefroren. Oder du bereitest am Abend eine größere Menge an Essen zu, um am nächsten Tag noch davon essen zu können. Mit einfachen Tricks wie frischen Kräutern, gerösteten Kernen und ein paar Spinatblättern kann man jedem Gericht ein neues Gesicht verpassen. Findet dabei eure ganz eigene, passende Form, wie ihr eure Woche leicht und effektiv gestalten könnt.

Da nun mindestens ein Familienmitglied vegan isst, bietet es sich an, sich anzugewöhnen die Mahlzeitenbasis vegan zu kochen und nachdem ein Teil davon beiseitegestellt wurde, den Rest mit tierischen Lebensmitteln zu versehen. Das bedeutet: Olivenöl oder vegane Margarine statt Butter zum Kochen zu verwenden, Sahne und Käse erst dazuzugeben, nachdem ein Teil des Essens für das vegane Familienmitglied abgetrennt wurde. Fleisch und Fisch immer separat zu braten. One-Pot-Gerichte helfen dabei, den Kochalltag zu vereinfachen. Mit Kochutensilien wie einem Airfryer, einem Slow Cooker, einem Thermomix oder einem klassischen Dampfkochtopf kannst du deine Arbeitsabläufe optimieren.

Unter der Woche, wenn wenig Zeit ist, kochst du am besten unkomplizierte Gerichte, die mit wenigen Zutaten auskommen und dir leicht von der Hand gehen. Am Wochenende kannst du neue und komplexere Gerichte ausprobieren. Es lohnt sich, Tiefkühlgemüse und Hülsenfrüchte im Glas im Haus zu haben, wenn mal keine Lust oder kein Raum zum Vorbereiten da ist. Aus diesen Zutaten und z. B. (Vollkorn-)Nudeln lässt sich im Handumdrehen ein gesundes, vollwertiges Gericht zaubern.

LEBENSMITTEL, DIE DU IMMER IM HAUS HABEN SOLLTEST

- **Vollkorn- und Getreideprodukte** wie Brot, Reis, Nudeln, Mehl, Haferflocken

- Getrocknete **Hülsenfrüchte** wie Linsen, Kichererbsen, Bohnen und Erbsen; Hülsenfrüchte im Glas oder in der Dose

- Tofu, vegane Würstchen, Sojaschnetzel sowie eiweißhaltige **Sojaprodukte**

- **Nussmuse und Nüsse,** wie Mandeln, Cashewkerne, Wal- und Paranüsse

- **Samen und Kerne,** wie Kürbis- und Sonnenblumenkerne, Sesam-, Hanf- und Chia-Samen

- **Pflanzendrinks** wie Haferdrink, Sojadrink, Reis- oder Mandeldrink (angereichert mit Kalzium!)

- **Hochwertige, pflanzliche Öle** wie Rapsöl und Kokosöl zum Braten sowie Olivenöl und Leinöl für den Salat (Sonnenblumenöl empfehle ich nicht, da das Fettsäureverhältnis sehr ungünstig ist.)

- **Vegane Pflanzenaufstriche**

- **Gewürze und (frische) Kräuter**

- **Alternative Süßungsmittel** wie Ahornsirup, Xylit oder Dattelsirup

- **Vegane Joghurtalternativen**

- **Vegane Käsealternativen**

- **Vegane Fertiggerichte** wie TK-Pizza, TK-Blattspinat, TK-Erbsen sowie vegane Saucen und Dressings

Die Liste erscheint lang, doch als Familie habt ihr sicher das meiste sowieso im Haus. Wenn sich ein Familienmitglied vegan ernähren möchte, ist es ratsam, die noch fehlenden Produkte zu ergänzen. Es muss nicht sein, dass ihr immer zahlreiche Nüsse und Kerne zu Hause habt, ihr könnt euch nach den Supermarktangeboten richten, denn insbesondere Nüsse, Samen und Kerne sind nicht die günstigsten Lebensmittel.

Nicht alle Tofu-Sorten der unterschiedlichen Hersteller schmecken gleich. So verhält es sich auch mit den zahlreichen Milchalternativen und den Fleisch- bzw. Käseersatzprodukten. Ich möchte dich ermutigen, immer mindestens noch zwei weitere Produkte zu testen, wenn du mal eine nicht so schmackhafte Variante erwischt hast. Ich empfehle hier auch ab und an mal ein Produkt, das wir mögen, aber mehr Informationen dazu findest du auf meinem Instagram-Kanal in den Highlights.

NIMM DIES, STATT DAS – VEGANER TAUSCHMARKT

- **Kuhmilch:** Sojadrink, Dinkeldrink, Haferdrink (achte auf den Verweis »ohne Zucker«; meist steht darauf »ohne Zuckerzusatz« – das ist irreführend, denn diese Haferdrinks haben trotzdem einen Zuckergehalt von etwa 5 g, was viel ist; lässt sich gut aufschäumen), Mandeldrink (ungesüßt manchmal etwas bitter), Kokosmilch, Reisdrink (sehr süß). Tipp: Achte darauf, dass die Pflanzendrinks, die ihr regelmäßig konsumiert, Kalzium enthalten. Konventionelle Drinks sind meist mit Vitamin D, B2 und B12 angereichert. Bio-Drinks dürfen Kalzium nur in Form der Lithothamnium Calcareum Alge enthalten, dann steht z. B. Haferdrink plus Alge auf der Verpackung.

- **Sahne:** Sojacreme (gekühlt mit Sahnesteif aufschlagbar; aufs Etikett achten), Hafercreme, Kokoscreme (gekühlt mit Sahnesteif aufschlagbar), Nussmuse 1:3 mit Wasser vermischt zum Überbacken und Kochen

- **Crème fraîche:** z. B. Creme Vega (Dr. Oetker)

- **Joghurt:** vegane Soja-, Hafer- oder Kokos-Joghurtalternative

- **Butter:** ungehärtete vegane Margarine, Olivenöl mit Salz, pflanzliche Öle

- **Quark:** vegane Quark-Alternative, z. B. Seidentofu über Nacht in einem Sieb abtropfen lassen; selbst gemachter Cashewquark

- **Käse:** veganer Käse von Wilmersburger, Simply V, HappyCheese u. v. m., Pizzakäse von Wilmersburger u. a., selbst gemachte vegane Parmesan-Alternative (50 g geröstete, gehackte Walnüsse, 25 g Hefeflocken, Salz, Pfeffer)

- **Ei zum Backen (1:1):** 20 g Leinsamenschrot + 50 ml Wasser, 60 g Seidentofu püriert, 60 g Apfelmus, 15 g Stärke + 30 ml Wasser, 10 g Vollsojamehl + 40 ml Wasser (schmeckt leicht bohnig), 1 reife Banane

- **Ei zum Auflockern von Gebäck:** vegane Soja-Joghurtalternative in Kombination mit Mineralwasser, Backpulver in Kombination mit Mineralwasser

- **Fleisch:** Seitan, Tofu, Lupinenschnetzel, Tempeh, Sojageschnetzeltes, Räuchertofu (als Speckersatz)

- **Wurstwaren:** z. B. vegane Streichwurst, vegane Schinkenwurst (ebenso wie vegane Käsealternativen wegen hohem Verarbeitungsgrad und vieler Zusatzstoffe nicht dauerhaft zu empfehlen)

FRÜHSTÜCK

Futter fürs Gehirn

MANGO-KOKOS-CHIA-PUDDING

Ich bereite den Chia-Pudding immer abends vor, so kann er ausreichend quellen und morgens ist das Frühstück ruckzuck fertig.

FÜR 1 PERSON
10 Min. Zubereitung
30 Min. Quellen
Pro Portion ca. 330 kcal,
6 g E, 7 g F, 56 g KH

2 EL Chia-Samen (15 g)
100 g Kokosmilch
3 EL Mango-Fruchtsauce (kein Sirup!; ersatzweise pürierte Mango mit Ahornsirup)
1 Msp. gemahlene Vanille
½ Mango
1 Banane

Als Topping
1 Handvoll gehackte, geröstete Nüsse
2 EL Kokosraspel

1 Die Chia-Samen mit der Kokosmilch, der Mangosauce und der Vanille mischen und mit einem kleinen Schneebesen gründlich verrühren. Nach 1 Min. und nach 5 Min. erneut durchrühren, damit die Chia-Samen nicht verklumpen.

2 Den Chia-Pudding über Nacht im Kühlschrank oder mind. 20–30 Min. zugedeckt quellen lassen.

3 Vor dem Servieren die Mango schälen und von beiden Seiten vom Stein schneiden. Das Fruchtfleisch in Würfel schneiden. Die Banane schälen und in Scheiben schneiden. Den Chia-Pudding mit den Früchten garnieren, die Nüsse und Kokosraspel darüberstreuen und genießen!

KOKOSJOGHURT MIT SESAM

Die Früchte kannst du nach Belieben austauschen!

FÜR 2 PERSONEN
10 Min. Zubereitung
30 Min. Quellen
Pro Portion ca. 440 kcal,
9 g E, 40 g F, 10 g KH

2 EL Mandeln
150 g vegane Kokos-Joghurt-alternative
2 TL gerösteter Sesam
1 EL Ahornsirup
50 g TK-Himbeeren
50 g TK-Heidelbeeren
2 EL Kokosraspel

1 Die Mandeln hacken und in einer Pfanne ohne Fett rösten, bis sie duften.

2 In der Zwischenzeit den Joghurt mit Sesam und Ahornsirup in einem Frühstücksschälchen vermischen. Die Beeren auf dem Joghurt verteilen, Kokosraspel und geröstete Mandeln aufstreuen und genießen.

Tipp

Für die Familienmitglieder, die veganem Kokosjoghurt widerstehen können und lieber Kuhmilch-Joghurt essen, tauschst du die Sorten einfach aus. Für alle mit Bärenhunger gibst du noch ein paar Haferflocken dazu.

PORRIDGE

Porridge ist einfach ein Klassiker und besonders in der kälteren Jahreszeit ein tolles, wärmendes Frühstück.

FÜR 2 PERSONEN
15 Min. Zubereitung
Pro Portion ca. 450 kcal,
10 g E, 19 g F, 58 g KH

6 EL Haferflocken
200 ml Hafer- oder Mandeldrink (mit Kalzium!)
1 EL Sonnenblumenkerne
2 EL geröstete Haselnüsse
2 Medjool-Datteln
½ TL Zimtpulver
1 Banane
½ Apfel
1 TL gerösteter Sesam
1 Handvoll Beeren (nach Belieben)

1 Die Haferflocken mit dem Pflanzendrink und den Sonnenblumenkernen aufkochen und bei kleiner Hitze unter gelegentlichem Rühren ca. 5 Min. leicht köcheln lassen (wenn du zwischendurch den Deckel auflegst, geht nicht so viel Flüssigkeit verloren).

2 Die gerösteten Haselnüsse und die Datteln hacken und mit Zimt zum Porridge geben. Alles kurz köcheln lassen. Bei Bedarf noch etwas Wasser hinzufügen, falls der Porridge zu stark eindickt.

3 Die Banane schälen und in Würfel schneiden. Den Apfel waschen, abtrocknen, entkernen und ebenfalls würfeln. Beides unter den fertig gekochten Porridge rühren. Abschließend alles in eine Müslischüssel geben und mit geröstetem Sesam und nach Belieben mit Beeren dekorieren.

Tipp
Du kannst auch andere Pflanzendrinks verwenden, achte nur immer darauf, dass der Pflanzendrink mit Kalzium angereichert ist!

PANCAKES

Vegane Vollkorn-Pfannkuchen haben eine etwas andere Konsistenz, liefern aber in dieser Variante viele Nährstoffe!

FÜR 4 PERSONEN (ERGIBT CA. 12 PFANNKUCHEN À Ø 10 CM)
25 Min. Zubereitung
Pro Portion ca. 995 kcal,
28 g E, 36 g F, 139 g KH

300 g Vollkorn-Dinkelmehl
4 TL Backpulver
2 TL Zimtpulver
200 ml Haferdrink
180 ml Mineralwasser
3 EL Ahornsirup
Salz
4–6 EL Kokosöl zum Ausbacken

Für die Erdnusssauce
3 EL feines Erdnussmus
3 EL Ahornsirup
2 EL Sojacreme
2 EL Wasser
1 Prise Salz (nach Belieben)

Für das Topping
6 Bananen
80 g Nüsse (z. B. Hasel-, Wal- oder Paranüsse, Cashewkerne)
150 g TK-Himbeeren
400 g vegane Kokos-Joghurtalternative

1 Die trockenen und die flüssigen Zutaten für den Pfannkuchenteig separat vermengen. Nun die trockenen Zutaten sowie 1 gute Prise Salz langsam mit dem Handrührgerät in die Flüssigkeit einrühren. Der Teig wird leicht zäh.

2 ½ EL Kokosöl in einer beschichteten Pfanne erhitzen. 1 Kelle Teig in die Pfanne geben und bei Bedarf zu den Seiten hin ausstreichen. Von beiden Seiten ausbacken. Nach und nach 11 weitere Pfannkuchen ausbacken, bis der Teig verbraucht ist. Bei Bedarf Kokosöl zugeben. Die fertigen Pfannkuchen auf einem Teller stapeln.

3 Für das Topping die Bananen schälen, in Scheiben schneiden und auf einem Teller anrichten. Die Nüsse klein hacken und ebenfalls in eine kleine Schüssel füllen. Die TK-Himbeeren ebenso wie den Joghurt in einer kleinen Schüssel bereitstellen. Alles auf dem Esstisch anrichten.

4 Für die Erdnuss-Sauce alle Zutaten verrühren, bis eine homogene Masse entstanden ist und mit den fertigen Pfannkuchen zu den übrigen Schüsseln auf den Tisch stellen. Die Pfannkuchen nach Belieben mit den vorbereiteten Zutaten füllen und genießen.

Tipp

Du kannst auch Cashew- oder Mandelmus nehmen, wenn ihr Erdnussallergiker in der Familie habt oder wenn du mal eine extra Portion Glück brauchst (Cashews regen die Ausschüttung des Glückshormons Serotonin an). Für die, die es lieber käsig mögen, nimmst du Käse, veganen Käse oder die gesündeste Alternative: käsigen Mandelschmelz (hierfür pro Portion 1 EL Mandelmus mit 1 EL heißem Wasser und 1 TL Hefeflocken, sowie 1 Msp. Salz glatt rühren und auf den Pfannkuchen geben).

MÜSLIRIEGEL

Dieser Riegel ist als Frühstücksleckerei echt etwas Feines. Ich habe immer selbst gemachte Riegel im Kühlschrank, sie sind gute Energielieferanten und die Kinder lieben sie.

FÜR CA. 20 STÜCK
25 Min. Zubereitung
Pro Portion ca. 115 kcal,
2 g E, 7 g F, 10 g KH

10 Datteln
5 Soft-Feigen (100 g)
2 EL Cashewkerne
2 EL Paranüsse
2 EL geröstete Haselnüsse
½ TL gemahlene Vanille
4 EL Kokosmilch (der feste Teil; ersatzweise Kokosöl)
70 g Kakaobutter
ca. 60 g gepoppter Amarant
50 g Haferflocken
4 EL Erdmandelmehl (ersatzweise Hafermehl)

1 Datteln und Feigen grob hacken und mit Kernen und Nüssen, Vanille und dem festen Anteil der Kokosmilch im Mixer fein mixen. Die Masse immer wieder mit einem Spatel nach unten schieben, sodass alle Trockenfrüchte klein gehackt werden. Anschließend in eine Rührschüssel geben.

2 Die Kakaobutter in einer kleinen Schüssel über dem heißen Wasserbad zerlassen und zur Dattelmasse geben. Alles sehr gut verrühren, bis eine weiche, homogene Masse entsteht. Amarant, Haferflocken und Erdmandelmehl mit einem Löffel unterrühren – das ganze darf ruhig recht trocken werden.

3 Die Masse mit einem Teigspatel in eine viereckige Vorratsdose (20 x 30 cm) füllen und gut andrücken. Nach etwa 1 Std. im Kühlschrank ist die Masse schnittfest und kann in eine beliebige Form (z. B. Würfel oder Riegel) geschnitten werden.

Tipp
Für Pralinenwürfel einfach die ausgekühlte Masse in Würfel schneiden und sie in einer Mischung aus 2 TL Kakaopulver, 2 TL Zimtpulver und 2 TL Rohrohrzucker rollen und diese pralinenartigen Würfel dann in der Glasdose im Kühlschrank bis zum Verzehr aufbewahren. Für fruchtige Riegel mischst du 2 EL Cranberrys, getrocknete Kirschen und/oder Rosinen unter den Teig.

BAKED OATS

Porridge, einfach mal anders, nämlich gebacken im Airfryer, Backofen oder in der Mikrowelle. So kommt dieses nährstoffreiche Frühstück daher wie ein Kuchen oder ein feines Dessert.

FÜR 4 PERSONEN
25 Min. Zubereitung
Backen 15 Min.
Pro Portion ca. 610 kcal,
16 g E, 24 g F, 80 g KH

2 reife Bananen
2 EL Cashewmus
280 ml Haferdrink (mit Kalzium)
150 g Haferflocken
50 g gepoppter Amarant
2 EL Ahornsirup
1 EL gerösteter Sesam
1 TL Zimtpulver
1 Msp. abgeriebene Bio-Zitronenschale
50 g gehackte vegane Zartbitter-Schokolade
2 Handvoll Heidelbeeren

Außerdem
400 g vegane Kokos-Joghurtalternative

1 Den Backofen auf 180° vorheizen. Die Bananen schälen, in einer ausreichend großen Auflaufform zerdrücken und mit dem Cashewmus vermischen. Nun den Haferdrink und alle übrigen Zutaten unterrühren.

2 Im Ofen (Mitte) 15 Min. backen und anschließend zusammen mit kaltem Kokosjoghurt servieren.

Tipp
Leg dir einen Vorrat an abgeriebener Zitronenschale im Tiefkühlfach an: Immer, wenn du eine Bio-Zitrone verwendest, wasche sie vorher gründlich und reibe die Schale dünn ab. Im Tiefkühlfach kannst du sie in einem Glas aufbewahren und immer, wenn du Zitronenabrieb brauchst, hast du ihn schnell zur Hand.

RÜHRTOFU

Eiweißpower zum Frühstück! Lecker und sättigend.

FÜR 2 PERSONEN
15 Min. Zubereitung
Pro Portion ca. 285 kcal,
17 g E, 19 g F, 12 g KH

1 kleine rote Zwiebel
3 getrocknete Tomaten
250 g Tofu
frisch geriebene Muskatnuss
½ TL Kurkuma
½ TL Kala Namak (ayurvedisches Schwarzsalz)
Pfeffer
100 g Seidentofu
2 EL Olivenöl
1 kein geschnittene Paprika (nach Belieben)
1 Handvoll Blattspinat (nach Belieben)

1 Die Zwiebel schälen und in feine Würfel schneiden. Die getrockneten Tomaten fein hacken. Den Tofu mit den Händen in eine Schüssel bröseln. Die Gewürze mit dem Tofu vermengen. Den Seidentofu in einem mit einem sauberen Küchentuch ausgelegten Sieb bis zur Weiterverarbeitung abtropfen lassen.

2 Das Öl in einer beschichteten Pfanne erhitzen und die Zwiebel und die Tomatenstückchen darin anbraten. Anschließend den Tofu dazugeben und unterrühren. Den Rührtofu immer wieder ein bisschen anbraten lassen und dann erneut umrühren.

3 Zuletzt den Seidentofu vorsichtig unterheben und 1 Min. mitziehen lassen. Falls der Rührtofu noch nicht genug nach Ei schmeckt, gib noch mehr Kala Namak hinzu. Nach Belieben kannst du auch noch anderes Gemüse mit in den Rührtofu geben, z. B. Paprika oder Spinat.

Tipp
Du kannst den Seidentofu auch weglassen, der macht den Rührtofu nur optisch noch echter. Für den Rest der Familie kannst du parallel in einer zweiten Pfanne klassisches Rührei machen, es sei denn, sie sind offen dafür, mal etwas Neues zu probieren. Kala Namak bekommst du im Bioladen.

SONNTAGSBRÖTCHEN

Den Brötchenteig kann man wunderbar am Vorabend vorbereiten und im Kühlschrank über Nacht gehen lassen. Am nächsten Tag sind die Brötchen ganz flott fertig.

FÜR 10 BRÖTCHEN
10 Min. Zubereitung
1 Std. Ruhen
30 Min. Backen
Pro Portion ca. 255 kcal,
8 g E, 8 g F, 35 g KH

240 ml Haferdrink (mit Kalzium)
300 g Vollkorn-Dinkelmehl
200 g Dinkelmehl (Type 1060)
1 Päckchen Trockenhefe
Salz
4 EL Olivenöl
2 EL Sonnenblumenkerne
2 EL Sesam
2 EL Kürbiskerne
Olivenöl zum Bepinseln

1 Den Haferdrink ganz leicht erwärmen.

2 In der Zwischenzeit beide Mehlsorten mit der Trockenhefe, 1 TL Salz und dem Öl vermischen. Den lauwarmen Haferdrink hinzufügen und alles gut verkneten. Falls der Teig zu trocken erscheint, noch etwas Haferdrink hinzufügen.

3 Den Teig abgedeckt mind. 30 Min. an einem warmen Ort ruhen lassen (z. B. auf der Heizung oder bei 50° im Backofen – 1 Glas Wasser dazustellen und die Backofentür einen Spalt offen lassen).

4 Wenn der Teig gut aufgegangen ist, noch einmal durchkneten, 10 Brötchen daraus formen und auf ein mit Backpapier belegtes Backblech legen. Die Brötchen mit ein wenig Olivenöl bestreichen und je nach Geschmack mit Sesam, Sonnenblumenkernen oder Kürbiskernen bestreuen, dabei die Kerne etwas andrücken. Anschließend die Brötchen weitere 30 Min. im Backofen gehen lassen.

5 Die Ofentemperatur auf 180° (Umluft) erhöhen und die Brötchen im Ofen (Mitte) 25–30 Min. backen.

Tipp

Natürlich könnt ihr auch helles Mehl nehmen, ich empfehle wegen der Nährstoffe Vollkornmehl, aber Ausnahmen sind natürlich erlaubt! Und um die Familie langsam an Vollkorngetreide zu gewöhnen, empfiehlt es sich, den Vollkornanteil im Gebäck nur langsam zu erhöhen.

SCHOKOAUFSTRICH

Schokolade macht einfach glücklich und darf in Maßen auch in der veganen Ernährung nicht fehlen. Selbst gemachter Schokoaufstrich ist um Vieles gesünder als der gekaufte.

ERGIBT CA. 2 GROSSE GLÄSER À 400 ML INHALT
30 Min. Zubereitung
Pro Portion (à ca. 15 g)
ca. 45 kcal, 1 g E,
4 g F, 2 g KH

320 g Haselnüsse
250 g vegane Zartbitter-Kuvertüre
50 g vegane Margarine
90 g Kokosöl
120 g Ahornsirup
Salz

1 Den Backofen auf 160° (Umluft) vorheizen. Die Haselnüsse nebeneinander auf einem mit Backpapier ausgelegten Backblech verteilen und im Ofen (Mitte) 10–15 Min. rösten. Vorsicht, sie werden schnell dunkel!

2 Die Nüsse auf einem sauberen Geschirrtuch platzieren, die Enden darüberklappen und mit etwas Druck rollen, bis sich die Schalen der Nüsse abgelöst haben. Die leicht abgekühlten Nüsse in einem (Hochleistungs-) Mixer zerkleinern, bis ein fast flüssiges (wichtig!) Mus entstanden ist.

3 In der Zwischenzeit die Schokolade grob hacken, in eine kleine Schüssel füllen und über dem heißen Wasserbad schmelzen lassen. Die Margarine und das Kokosöl dazugeben und ebenfalls zerlassen.

4 Anschließend den Schokomix mit dem Ahornsirup zum Nussmus in den Rührbehälter geben, 1 Prise Salz hinzufügen und alles nochmal im Mixer auf mittlerer Stufe mischen. In saubere (am besten vorher abgekochte) Schraubgläser abfüllen.

Tipp

Die Konsistenz ist immer wieder etwas anders und hängt vom Ölgehalt der Nüsse sowie vom Margarine-Kokosöl-Verhältnis ab. Wenn möglich nicht im Kühlschrank lagern, die Nusscreme sollte bei Raumtemperatur ausreichend fest sein. Das zweite Glas könnt ihr aber im Kühlschrank aufbewahren.

ORANGE-PFEFFERMINZ-INGWER-TEE

Wir sind nicht nur eine Patchfood-, sondern auch eine Tee-trinker-Familie. Dieser Tee schmeckt besonders unseren Kindern!

FÜR 1 PORTION
5 Min. Zubereitung
Pro Portion ca. 35 kcal,
1 g E, 0 g F, 7 g KH

1 Scheibe Bio-Orange
1 Stängel frische Minze
2 dünne Scheiben Bio-Ingwer

1 Orange heiß abwaschen und trocken reiben. Minze waschen. Wasser im Wasserkocher zum Kochen bringen. Die Orange halbieren und eine Hälfte in die bereitgestellte Tasse auspressen.

2 Von der anderen Orangenhälfte 1 Scheibe abschneiden und mit dem Ingwer und der Pfefferminze ebenfalls in die Tasse geben. Nun die Tasse mit dem kochenden Wasser auffüllen. Je nach Geschmack noch süßen und genießen!

AVOCADO-MANGO-SMOOTHIE

Dieser Smoothie ist zwar grün, besticht aber durch seine cremige Konsistenz und seinen feinen, exotischen Geschmack!

FÜR 2 PORTIONEN
10 Min. Zubereitung
Pro Portion ca. 310 kcal,
5 g E, 27 g F, 12 g KH

1 Avocado
100 g Mango
1 Dattel
200 g Baby-Blattspinat
200 g Kokosmilch

1 Die Avocado halbieren und das Fruchtfleisch aus der Schale lösen. Die Mango schälen, das Fruchtfleisch von beiden Seiten vom Stein schneiden und 100 g abwiegen. Die Dattel entkernen und grob hacken. Den Babyspinat waschen.

2 Die vorbereiteten Zutaten mit der Kokosmilch und 200 ml Wasser (oder im Sommer mit Eiswürfeln) im (Hochleistungs-)Mixer etwa 1 Min. mixen.

Tipp

Avocado hat viele gesunde Fettsäuren und auch wenn ihre Umweltbilanz mangelhaft ist, leistet sie einen wertvollen Beitrag zur veganen Ernährung. Also, hier gilt es in Maßen und achtsam zu konsumieren!

Tipp

Auch abgekühlt ist dies ein tolles Getränk und schmeckt Groß und Klein. Wenn die Orange durch Zitrone ersetzt wird, hast du gleich eine spritzige Variante!

GREEN JUICE

Selbst gepresste Säfte sind toll für Gemüsemuffel. Am besten, du lässt sie mithelfen, dann schmeckt der Saft gleich doppelt lecker.

FÜR 2 PORTIONEN
10 Min. Zubereitung
Pro Portion ca. 230 kcal,
7 g E, 2 g F, 45 g KH

2 Orangen
1 Zitrone
2 Äpfel
2 Selleriestangen
100 g Baby-Blattspinat
½ Bio-Salatgurke

1 Das Obst und Gemüse gründlich waschen. Die Orange und die Zitrone schälen und halbieren. Die Äpfel vierteln, die Selleriestangen und die Gurke in Drittel schneiden.

2 Nun die vorbereiteten Zutaten in einem Entsafter entsaften (nein, du brauchst das Kerngehäuse des Apfels nicht zu entfernen!) und in Gläser füllen.

BEEREN-SMOOTHIE

Smoothies sind auch mal eine Alternative zum Frühstück. Noch ein paar Haferflocken dazu und du hast ein flüssiges Müsli.

FÜR 2 PORTIONEN
10 Min. Zubereitung
Pro Portion ca. 160 kcal,
4 g E, 5 g F, 23 g KH

1 Handvoll Himbeeren
1 Handvoll Erdbeeren
1 Handvoll Heidelbeeren
2 Stängel Minze
1 Banane
1 EL Cashewmus
1 Prise gemahlene Vanille
abgeriebene Bio-Zitronenschale

1 Die Beeren gut waschen (auch TK). Minze waschen und die Blättchen abzupfen. 4 Blätter beiseitelegen. Die Banane schälen und grob zerteilen.

2 Beeren und Minze mit Bananenstücken, Cashewmus, Vanille, Zitronenschale und 350 ml Wasser in einem (Hochleistungs-)Mixer ca. 1 Min. mixen. In 2 Gläser füllen, mit beiseitegelegten Pfefferminzblättchen garnieren und genießen.

Tipp
Dieser erfrischende grüne Saft schmeckt im Sommer besonders mit Eis und mit einer schönen roten Erdbeere garniert.

Tipp
Achtung! Smoothies enthalten eine gehörige Portion Fruktose und sollten mit Bedacht getrunken werden. Nur die selbst gemachten bringen wertvolle Nährstoffe mit. Je mehr Gemüse du hinzufügst, desto gesünder sind sie. Das braucht bei Kindern aber oft eine langsame Steigerung. Wenn du keine frischen Beeren hast, kannst du auch TK-Beeren verwenden.

HAUPTGERICHTE

Proteinreich und sättigend

SALATMUFFELSALAT

Dieser Salat steckt voller Nährstoffe und macht nicht nur satt, sondern schmeckt auch richtig super!

FÜR 4 PORTIONEN
15 Min. Zubereitung
Pro Portion ca. 280 kcal,
10 g E, 20 g F, 13 g KH

Für das Dressing
4 EL Olivenöl
1 EL Aceto balsamico
½ TL Senf
½ TL Ahornsirup
1 Handvoll TK-Petersilie
Salz, Peffer

Für den Salat
1 kleiner Blumenkohl
1 rote Paprika
1 gelbe Paprika
1 Gurke
4 EL geröstete Sonnenblumenkerne
3 EL gerösteter Sesam

1 Die Zutaten für das Dressing in einer Salatschüssel mit einem Schneebesen gründlich verrühren, mit Salz und Pfeffer abschmecken.

2 Das Gemüse waschen und trocknen. Den Blumenkohl in ganz kleine Stückchen hacken oder im Mixer fein häckseln und in die Salatschüssel geben. Die Paprika halbieren, weiße Trennwände und Kerne entfernen und in kleine Würfel schneiden. Die Gurke halbieren, die Hälften zweimal zerteilen und ebenfalls in kleine Stücke schneiden.

3 Sonnenblumenkerne und Sesam in einer Pfanne ohne Fett anrösten, bis sie duften. Herausnehmen und kurz abkühlen lassen. Alle vorbereiteten Zutaten zum Blumenkohl in die Salatschüssel geben und mischen.

Tipp
Der Salat kann als Beilagensalat oder im Sommer mit einer Scheibe Vollkornbrot auch als Hauptspeise serviert werden. Fruchtiger wird er, wenn du 150 g gewürfelte Mango oder 1 klein geschnittenen Apfel dazugibst.

GEMÜSESUPPE MIT CROÛTONS

Croûtons sind bei uns immer ein sehr beliebtes Topping – und eine tolle Resteverwertung für alt gewordenes Brot.

FÜR 10 PORTIONEN
1 Std. Zubereitung
30 Min. Kochen
Pro Portion ca. 125 kcal,
6 g E, 6 g F, 12 g KH

1 Zwiebel
1 Knoblauchzehe
1 Möhre
½ Sellerie
1 Kohlrabi
1 kleiner Brokkoli
1 kleiner Blumenkohl
1 Stange Lauch
1 Bund Petersilie
1 Prise Estragon
frisch geriebene Muskatnuss
3 EL Olivenöl
1½ TL Salz
½ TL Pfeffer

Für die Croûtons
2 Brötchen oder 4 Scheiben Brot vom Vortag
2 EL (Knoblauch-)Olivenöl

1 Die Zwiebel, den Knoblauch, Möhre, Sellerie und Kohlrabi schälen. Alles bis auf den Kohlrabi würfeln, die Zwiebel und den Knoblauch fein, übriges Gemüse etwas gröber. Den Kohlrabi in ca. 1 cm dicke Stifte schneiden, eventuell in der Mitte halbieren. Die Hälfte davon zum Knabbern anbieten.

2 Brokkoli, Blumenkohl und Lauch je nach Sorte waschen und putzen. Petersilie waschen und trocken schütteln. Blumenkohl und Brokkoli in Röschen teilen. Die äußeren, größeren einfrieren oder im Kühlschrank aufbewahren. Für die Suppe nehmen wir die etwas kleineren Röschen. Die Petersilie fein hacken, 1 EL beiseitelegen. Den Lauch halbieren und in schmale Halbmonde schneiden.

3 Das Öl in einem großen Topf erhitzen und Zwiebel, Knoblauch und Lauch darin anbraten. 1,5 l Wasser dazugießen, Estragon und 2 Prisen Muskat hinzufügen. Das vorbereitete Gemüse in die Suppe geben und zum Kochen bringen. Deckel auflegen und die Suppe bei kleiner Hitze 30 Min. köcheln lassen.

4 Inzwischen die Brötchen mit einem Messer halbieren und in 1 cm große Würfel schneiden. Das Öl in einer beschichteten Pfanne erhitzen. Die Brötchenstücke hineingeben und darin bei mittlerer Hitze unter ständigem Rühren kross braten.

5 Die Suppe mit Salz und Pfeffer abschmecken und mit Croûtons und Petersilie garniert servieren.

Tipp

Die Suppe reicht für 2 Tage. Am zweiten Tag püriere ich sie und garniere sie mit gerösteten Kernen oder Nüssen. Wenn Grünkohlzeit ist, schmecken auch fein gehackte Grünkohlblätter sehr lecker in der Suppe.

THAIPFANNE

Die Thaipfanne bietet unendliche Möglichkeiten und lässt sich einfach an die Vorlieben aller Familienmitglieder anpassen.

FÜR 4 PORTIONEN
30 Min. Zubereitung
Pro Portion ca. 640 kcal,
18 g E, 15 g F, 93 g KH

400 g Basmati-Reis
Salz
½ TL gemahlener Kreuzkümmel
1 rote Paprika
200 g Brokkoli
1 Stange Lauch
100 g Zuckerschoten
100 g Champignons
1 Stange Zitronengras
1 Knoblauchzehe
2 EL Kokosöl
300 ml Gemüsebrühe
2 EL vegane Thai-Currypaste (rot, gelb oder grün)
Saft von ½ Zitrone
1 Dose Kokosmilch (400 g)
2 Handvoll Cashewkerne
1–2 EL Olivenöl
Salz, Pfeffer

1 Den Basmati-Reis in einem Sieb gründlich waschen. In einen Topf geben und mit der 1,5-fachen Menge Wasser zum Kochen bringen. 1 TL Salz und Kreuzkümmel dazugeben. Wenn sich das Wasser bis auf die »Reiskante« reduziert hat, den Reis noch einmal umrühren, Deckel auflegen und bei kleiner Hitze in 20 Min. fertig garen.

2 Das Gemüse waschen und trocknen. Die Paprika halbieren, weiße Trennwände und Kerne entfernen und in Streifen schneiden. Den Brokkoli in kleine Röschen teilen. Den Lauch halbieren und in Ringe schneiden. Von den Zuckerschoten die Enden abknipsen.

3 Champignons putzen und vierteln. Vom Zitronengras die äußeren Blätter entfernen, bis der zarte Kern zum Vorschein kommt. Diesen in ganz feine Stücke hacken und beiseitestellen. Den Knoblauch schälen.

4 Das Kokosöl in einer tiefen Pfanne oder im Wok erhitzen und das Gemüse bis auf die Zuckerschoten scharf anbraten. Mit der Gemüsebrühe ablöschen, die Currypaste und den Zitronensaft sowie die Kokosmilch einrühren, die Knoblauchzehe hineinpressen und die Cashewkerne hinzufügen. Alles gut umrühren, Deckel auflegen und 5 Min. leicht köcheln lassen. Die Zuckerschoten dazugeben und weitere 5 Min. garen.

5 Den fertigen Reis mit etwas Olivenöl auflockern und auf die Teller verteilen. Das Thai-Gemüse darauf anrichten und mit Zitronengras garniert servieren.

Tipp

Du kannst das Gemüse beliebig variieren und je nach Geschmack noch etwas mehr Currypaste in die Pfanne geben. Anstelle der Cashewkerne kannst du auch Kichererbsen oder Tofu verwenden.

SCHNELLE GEMÜSEPFANNE

Dieses einfache Basisrezept ist schnell gezaubert, toll variierbar und sehr lecker. Für die Fleischesser kannst du separat Fleisch zubereiten. Für Käseliebhaber streust du etwas Käse darüber.

FÜR 4 PORTIONEN
20 Min. Zubereitung
Pro Portion ca. 620 kcal, 30 g E, 18 g F, 84 g KH

400 g Couscous
Salz
800 g Gemüse (was da ist; z. B. Zucchini und Paprika)
1 Zwiebel
2 EL Olivenöl
250 g Räuchertofu
150 ml Gemüsebrühe
100 g Sojacreme
Pfeffer
2 EL gemischte TK-Kräuter
2 EL gerösteter Sesam

1 Im Wasserkocher 600 ml Wasser zum Kochen bringen. Den Couscous in einen kleinen Topf geben und mit dem kochenden Wasser übergießen, ½ TL Salz dazugeben und umrühren. Den Deckel auflegen und bei kleiner Hitze 10 Min. quellen lassen.

2 In der Zwischenzeit das Gemüse je nach Sorte waschen, trocknen und in mundgerechte Stifte schneiden.

3 Die Zwiebel schälen und in feine Würfel schneiden. Das Olivenöl einer Pfanne erhitzen und die Zwiebel darin anbraten. Räuchertofu würfeln und dazugeben. 5 Min. von allen Seiten bei mittlerer Hitze anbraten.

4 Das übrige Gemüse dazugeben und weitere 5 Min. braten. Mit Gemüsebrühe ablöschen. Die Sojacreme einrühren und alles mit Salz, Pfeffer und den TK-Kräutern abschmecken.

5 Den gequollenen Couscous unter die Gemüsepfanne rühren und alles gut vermischen. Zum Servieren den gerösteten Sesam darüberstreuen.

Tipp

Du wirst vielleicht schon gemerkt haben, dass ich viel mit Gemüsebrühe koche. Ich nehme immer Bio-Gemüsebrühepulver, es gibt da echt Unterschiede! Achte am besten darauf, dass das Gemüsebrühepulver keinen (versteckten) Zucker enthält. Gegen Hefe habe ich persönlich nichts, auch wenn manche wegen des in der Hefe natürlich vorkommenden Glutamats empfindlich darauf reagieren. Sofern keiner von euch eine ausgewiesene Glutamat-Empfindlichkeit besitzt, kannst du ohne Bedenken Gemüsebrühe mit Hefezusatz verwenden.

ROTE-BETE-HIRSOTTO

Hirse und Rote Bete sind eine tolle Kombination. Sie liefern nicht nur eine gute Portion Eisen, sondern auch hochwertiges Protein.

FÜR 2 PORTIONEN
20 Min. Zubereitung
Pro Portion ca. 640 kcal,
20 g E, 25 g F, 82 g KH

Für das Rote-Bete-Hirsotto
150 g Hirse
1 kleine rote Zwiebel
1 kleine Knoblauchzehe
1 Stück Ingwer (ca. 1 cm lang)
1 EL Olivenöl
500 ml Rote-Bete-Saft
1 Msp. gemahlener Kreuzkümmel
1 Msp. Zimtpulver
1 TL Zitronensaft
2 EL vegane Crème-fraîche-Alternative (z. B. Creme Vega)
2 EL gerösteter Sesam

Für die Pilzpfanne
1 rote Zwiebel
400 g Champignons
1 Handvoll frische Petersilie
1 EL Olivenöl
Salz, Pfeffer

1 Die Hirse in einem Sieb mit warmem Wasser gründlich waschen. Die Zwiebel und den Knoblauch schälen und fein würfeln. Ingwer schälen und fein reiben.

2 Das Öl in einem Topf erhitzen und Zwiebeln und Knoblauch darin anbraten. Die Hirse dazugeben und mit 300 ml Rote-Bete-Saft ablöschen. Die Hirse unter ständigem Rühren bei mittlerer Hitze zum Köcheln bringen.

3 Geriebenen Ingwer, Kreuzkümmel und Zimt unterrühren. Deckel auflegen und 15 Min. köcheln lassen. Immer wieder umrühren, damit nichts anbrennt. Wenn die Hirse eindickt, den restlichen Rote-Bete-Saft und die Creme Vega einrühren.

4 Für die Pilzpfanne die Zwiebel schälen und in Würfel schneiden. Die Pilze putzen und in Scheiben schneiden. Die Petersilie waschen, trocken schütteln und fein hacken. Das Öl erhitzen und die Zwiebel darin glasig andünsten, die Pilze dazugeben und bei großer Hitze anbraten. Mit Salz und Pfeffer würzen. Zuletzt die Petersilie unterrühren.

5 Rote Bete-Hirsotto auf 2 Tellern anrichten. Die Champignons darauf verteilen, etwas Petersilie und Sesam aufstreuen und servieren.

Tipp

Wenn ihr noch Salat und Bratlinge dazu macht, reicht das Rezept auch für 4 Portionen.

BROKKOLI-BUCHWEIZEN-TALER

Für eine vegetarische Variante gibst du ein Ei und/oder Reibekäse dazu. Wer Brokkoli nicht mag, ersetzt ihn durch Möhren oder Zucchini.

FÜR 12 STÜCK
45 Min. Zubereitung
Pro Stück ca. 121 kcal,
4 g E, 5 g F, 16 g KH

1 kleine, rote Zwiebel
1 Knoblauchzehe
150 g Buchweizen
300 ml Gemüsebrühe
200 g Brokkoli
1 TL gemahlener Kreuzkümmel
1 TL Currypulver
1 TL edelsüßes Paprikapulver
2 EL TK-Petersilie
100 g Kichererbsenmehl (ersatzweise Sojamehl)
4 EL Olivenöl
Salz, Pfeffer

1 Die Zwiebel und den Knoblauch schälen und die Zwiebel in feine Würfel schneiden.

2 Den Buchweizen gründlich in einem Sieb waschen. Die Gemüsebrühe zum Kochen bringen und den Buchweizen einrühren. Den Knoblauch dazupressen und unterrühren. Deckel auflegen und den Buchweizen bei kleiner Hitze 15 Min. quellen lassen.

3 Den Brokkoli waschen und im Mixer oder mit dem Messer sehr, sehr klein hacken.

4 Die Gewürze und die Petersilie mit dem Kichererbsenmehl in eine große Schüssel geben und mit den Zwiebeln, 2 EL Öl und dem Brokkoli vermengen.

5 Wenn der Buchweizen fertig gekocht ist, diesen ebenfalls zur Masse geben (auch die eventuell übrig gebliebene Flüssigkeit). Alles gut umrühren und mit Salz und Pfeffer abschmecken.

6 Übriges Öl in einer beschichteten Pfanne erhitzen. Mit einem Esslöffel von der Brokkoli-Buchweizen-Masse golfballgroße Portionen abstechen und mit angefeuchteten Händen zu Talern formen. Gut zusammendrücken. Diese Taler in der heißen Pfanne nach und nach von beiden Seiten bei mittlerer Hitze goldbraun braten. Dazu passt Möhrensalat, Kartoffelstampf und Gurkendip.

Tipp

Buchweizen ist ein leckeres und gesundes Pseudogetreide. Es punktet mit hochwertigem Eiweiß, einer Menge Vitaminen und Mineralstoffen, wie Vitamin B_1, B_2 und E, sowie Kalzium, Eisen und Magnesium. Außerdem enthält es viel Lysin, eine Aminosäure, die in herkömmlichem Getreide nur in geringen Mengen vorkommt.

SMASHED POTATOES MIT GEVLÜGEL-NUGGETS

Kinder lieben alles, was paniert und frittiert ist. In Maßen in die Familienküche integriert, ist das völlig in Ordnung.

FÜR 4 PORTIONEN
30 Min. Zubereitung
30 Min. Backen
Pro Portion ca. 680 kcal,
30 g E, 26 g F, 80 g KH

16 mittelgroße Kartoffeln
Salz
4 EL Olivenöl
Pfeffer
1 TL Knoblauchpulver
1 TL Currypulver
1 TL Zwiebelpulver
½ TL Rosmarin
2 Packungen vegane Gevflügel-Nuggets

1 Die Kartoffeln waschen und schälen. In einem Topf Salzwasser zum Kochen bringen und die Kartoffeln darin zugedeckt in 20 Min. bei kleiner Hitze gar kochen.

2 Inzwischen das Olivenöl mit den Gewürzen vermischen. Den Backofen auf 180° vorheizen. Zwei Backbleche mit Backpapier belegen.

3 Die fertig gekochten Kartoffeln auf eines der Backbleche verteilen und mit einem Kartoffelstampfer, einem Glas oder einem großen Löffel zerquetschen. Die zerstampften Kartoffeln sollten noch etwa eine Höhe von 1,5 cm haben. Das Würzöl gleichmäßig auf den Kartoffeln verteilen. Die veganen Nuggets auf das zweite Backblech geben.

4 Das Backblech mit den Kartoffeln im Ofen (oben) 10 Min. backen. Grillstufe zuschalten. Dann die Nuggets mit in den Ofen (unten) geben und weitere 10 Min. backen. Die Nuggets einmal wenden und alles in weiteren 10 Min. goldbraun rösten. Dazu schmeckt Möhrensalat (siehe S. 122) und der pikante Dip (siehe S. 138).

Tipp
Käseliebhaber können noch etwas Käse auf die eine Seite des Kartoffel-Backblechs reiben und die Smashed Potatoes zu Cheesy Smashed Potatoes machen. Dazu passt am besten etwas Frisches, wie Salat oder Rohkost.

BLITZSCHNELLE NUDELN

Wenn es schnell gehen muss, sind One-Pot-Gerichte genial. Sie lassen sich ruckzuck vorbereiten und sind im Handumdrehen fertig.

FÜR 4 PORTIONEN
10 Min. Zubereitung
20 Min. Kochen
Pro Portion ca. 470 kcal,
11 g E, 10 g F, 83 g KH

1 Zwiebel
4 Möhren
150 g TK-Erbsen (ersatzweise Bohnen)
150 g Kirschtomaten
2 Knoblauchzehen
900 ml Gemüsebrühe
100 g vegane Crème-fraîche-Alternative (z. B. Creme Vega)
350 g Nudeln (z. B. Penne)
2 EL TK-Petersilie
Salz, Pfeffer

1 Die Zwiebeln schälen und in feine Stücke schneiden. Die Möhren schälen und in feine Streifen schneiden. Die TK-Erbsen in einem Sieb kurz abspülen. Die Kirschtomaten waschen. Knoblauch schälen.

2 Das Gemüse in einen ausreichend großen Topf geben, den Knoblauch dazupressen, die Gemüsebrühe angießen und alles zum Kochen bringen.

3 Die Creme Vega und die Nudeln dazugeben und mit Deckel bei kleiner Hitze ca. 20 Min. köcheln lassen. Zwischendurch immer wieder umrühren. Gegen Ende der Garzeit die Petersilie hinzufügen und den Nudeltopf mit Salz und Pfeffer abschmecken.

Nährstoff-Booster-Tipp
Sprossen und geröstete Kerne oder Samen schmecken nicht nur superlecker, sondern werten jedes Gericht mit vielen Nährstoffen auf. Für mehr Proteine gibst du 250 g Räuchertofu dazu.

BUNTE GEMÜSELASAGNE

Für Gemüsemuffel pürierst du die Sauce ganz einfach und gibst erst dann die Sojaschnetzel hinzu. So essen auch Kinder die Sauce, die sonst das Gemüse herauspicken.

FÜR 6 PORTIONEN
30 Min. Zubereitung
40 Min. Backen
Pro Portion ca. 565 kcal,
29 g E, 25 g F, 56 g KH

1 Zwiebel
2 Knoblauchzehen
1 rote Paprika
1 Zucchino
2 Möhren
250 ml Gemüsebrühe
150 g Sojaschnetzel
100 g Tomatenmark
1 TL getrockneter Rosmarin
1 TL getrockneter Thymian
1 TL getrockneter Oregano
1 TL edelsüßes Paprikapulver
½ TL gemahlener Kreuzkümmel
1 TL Currypulver
2 EL Olivenöl
500 ml passierte Tomaten
2 EL Aceto balsamico
1 EL Ahornsirup
Salz, Pfeffer
12 (Vollkorn-)Lasagneplatten
100 g Sojacreme
200 g vegane Reibekäse-alternative (z. B. SimplyV)
200 g geriebener Gouda

1 Zwiebel und Knoblauch schälen und fein hacken. Das Gemüse je nach Sorte waschen, putzen und in Würfel schneiden. Gemüsebrühe aufkochen, die Sojaschnetzel damit übergießen und 5 Min. quellen lassen. Tomatenmark, übrige Gewürze und die Hälfte des Knoblauchs dazugeben und gut verrühren.

2 Öl in einer tiefen, beschichteten Pfanne erhitzen. Zwiebel und übrigen Knoblauch darin anbraten. Gemüse dazugeben, weitere 5 Min. braten. Tomaten und Sojaschnetzel (mit der übrigen Gemüsebrühe) in die Pfanne geben und unterrühren. Mit Aceto balsamico, Ahornsirup, 1 TL Salz und Pfeffer abschmecken und bei mittlerer Hitze zugedeckt 5 Min. köcheln.

3 Den Backofen auf 180° vorheizen. Eine Auflaufform (20 x 30 cm) bereitstellen und 5 Kellen Sauce am Boden verteilen. Vier Lasagneplatten darauflegen und weitere 5 Kellen Sauce auf die Platten geben, wiederholen, bis die Lasagneplatten aufgebraucht sind und mit einer Schicht Gemüsesauce abschließen.

4 Nun die Sojacreme gleichmäßig auf das Gemüse gießen. Auf die eine Seite der Lasagne den veganen Käse streuen und auf die andere Seite den Gouda (falls alles vegan sein soll, Gouda durch veganen Käse ersetzen). Als Trennlinie kann man z. B. eine halbe Möhre zwischen die Käsesorten legen. Im Ofen (Mitte) abgedeckt ca. 40 Min. backen. Nach 30 Min. die Abdeckung abnehmen und den Käse knusprig werden lassen.

Tipp

Du kannst anstelle der Sojaschnetzel auch Linsen oder gehackte Walnüsse nehmen.

NUDELAUFLAUF

Nudelauflauf mögen die meisten Kinder. Man kann das Lieblingsgemüse nehmen und mit Nudeln, Sahne oder Pflanzencreme und (veganem) Käse unkompliziert etwas Leckeres zaubern.

FÜR 4 PORTIONEN
50 Min. Zubereitung
40 Min. Backen
Pro Portion ca. 620 kcal,
22 g E, 24 g F, 80 g KH

400 g Baby-Blattspinat
300 g Brokkoli
1 Dose Mais
1 Handvoll Petersilie
2 Frühlingszwiebeln
2 Knoblauchzehen
800 ml Gemüsebrühe
150 g vegane Crème-fraîche-Alternative (z. B. Creme Vega)
100 g vegane Reibekäse-alternative (z. B. von SimplyV)
400 g Vollkornnudeln (z. B. Fusilli)
Salz, Pfeffer

1 Spinat waschen und trocken schleudern. Brokkoli waschen und in kleine Röschen teilen. Mais in ein Sieb abgießen und abtropfen lassen. Petersilie waschen, trocken schütteln und fein hacken. Frühlingszwiebeln waschen, putzen und in feine Ringe schneiden.

2 Den Backofen auf 180° (Umluft) vorheizen. Den Knoblauch schälen und in eine Auflaufform (20 x 30 cm) pressen. Die Gemüsebrühe hinzufügen und mit der Creme Vega gut verrühren. Die gehackte Petersilie unterrühren und mit Salz und Pfeffer abschmecken. Nun die Frühlingszwiebeln, den Mais, den Spinat und den Brokkoli sowie die ungekochten Nudeln in die Auflaufform geben und alles miteinander vermengen. Zu guter Letzt den veganen Käse auf dem Auflauf verteilen.

3 Im Ofen (Mitte) zugedeckt 40 Min. backen. Nach 30 Min. die Abdeckung entfernen und weitere 10 Min. backen, bis die Käseschicht goldbraun und knusprig ist.

Tipp
Ich mache es oft so, dass ich auf die eine Seite des Auflaufs veganen Käse streue und auf die andere Seite normalen Käse für die Nicht-Veganer in unserer Familie. Noch gesünder wird es, wenn du anstelle des veganen Käses Mandelschmelz nimmst. Das Rezept findest du auf Seite 57.

SPAGHETTI BOLOGNESE

Dieses Gericht ist ein Muss in jeder Familie. Wenn man vegan isst, lernt man viele leckere Varianten des Klassikers kennen. Hier unser Lieblingsrezept mit Walnüssen und Pilzen.

FÜR 4 PORTIONEN
40 Min. Zubereitung
Pro Portion ca. 780 kcal,
27 g E, 34 g F, 91 g KH

Für die Sauce
1 mittelgroße Zwiebel
2 Knoblauchzehen
200 g Champignons
1 Paprika
150 g Walnusskerne
2 EL Olivenöl
5 EL Tomatenmark
1 TL getrockneter Thymian
½ TL getrockneter Oregano
½ TL getrockneter Rosmarin
½ TL edelsüßes Paprikapulver
½ TL Currypulver
½ TL gemahlener Kreuzkümmel
700 ml Tomatenpassata
2 EL Aceto balsamico
2 EL Ahornsirup
Salz, Pfeffer
400 g Vollkorn-Spaghetti

1 Die Zwiebel schälen und in kleine Würfel schneiden. Den Knoblauch schälen. Die Pilze putzen und in kleine Würfel schneiden. Paprika waschen, halbieren, weiße Trennwände und Kerne entfernen und ebenfalls in kleine Würfel schneiden. Walnüsse hacken.

2 Das Öl in einer tiefen Pfanne erhitzen und die Zwiebeln darin anbraten, bis sie glasig sind. Pilze, Walnüsse und Paprika hinzufügen und mitbraten. Das Tomatenmark unterrühren.

3 Anschließend den Knoblauch in die Pfanne pressen und die übrigen Gewürze unterrühren. Die passierten Tomaten dazugeben und mit Aceto balsamico, Ahornsirup, 1 TL Salz und Pfeffer abschmecken. Bei Bedarf noch etwas Wasser hinzufügen und die Sauce zugedeckt bei mittlerer Hitze 15 Min. köcheln lassen.

4 Währenddessen in einem großen Topf reichlich Salzwasser zum Kochen bringen und die Spaghetti darin nach Packungsanweisung bissfest kochen.

5 1 Min. vor Garzeitende das Wasser abgießen, etwas Kochwasser auffangen und zur Sauce geben. Die abgetropften Spaghetti zur Sauce in die Pfanne geben, gut umrühren und noch 4–5 Min. ziehen lassen.

Tipp

Anstelle der Walnüsse kannst du auch Sojaschnetzel, Linsen oder Sonnenblumenkerne nehmen. Wenn du nur einen Teil der Sauce vegan machen möchtest, empfehle ich, das Gemüse und die Tomatensauce zuzubereiten und das Gehackte sowie die Nüsse und Pilze jeweils separat anzubraten. Im letzten Schritt gibst du in einen Teil der Sauce das Fleisch und in den anderen Teil die Nuss-Pilz-Masse.

SPAGHETTI CARBONARA

Vielleicht kannst du dir nicht vorstellen, wie dieser Klassiker vegan schmeckt. Probiere es aus und lass dich begeistern! Blumenkohl sorgt für eine Extraportion Nährstoffe.

FÜR 4 PORTIONEN
25 Min. Zubereitung
Pro Portion ca. 680 kcal,
34 g E, 27 g F, 75 g KH

Salz
400 g Vollkorn-Spaghetti
1 mittelgroßer Blumenkohl
1 rote Zwiebel
1 Knoblauch
250 g Räuchertofu
3 EL Olivenöl
Salz, Pfeffer
1 EL Weißweinessig
250 g Sojacreme zum Kochen
(z. B. Provamel, Alpro)
Parmesan oder Reibekäse
(nach Belieben)

1 In einem großen Topf reichlich Salzwasser zum Kochen bringen und die Spaghetti darin nach Packungsanweisung bissfest kochen.

2 In der Zwischenzeit den Blumenkohl waschen und in einer Küchenmaschine fein zerkleinern oder mit dem Messer ganz klein hacken. Die Zwiebel schälen und fein würfeln. Den Knoblauch schälen.

3 Den Räuchertofu in kleine Würfel schneiden. 2 EL Öl in einer beschichteten Pfanne erhitzen und die Tofuwürfel darin anbraten. Wenn sie schön kross sind, in eine Schüssel füllen und beiseitestellen.

4 In derselben Pfanne Zwiebeln und Blumenkohl bei großer Hitze anrösten. Den Knoblauch dazupressen und mit Salz und Pfeffer würzen. Mit etwas Wasser und Weißweinessig ablöschen. Räuchertofu und Sojacreme hinzufügen.

5 Kurz einköcheln lassen. Deckel auflegen und 5 Min. bei kleiner Hitze garen.

6 Wenn die Spaghetti bissfest sind, abgießen und mit übrigem Olivenöl in der Sauce schwenken. Auf tiefen Tellern anrichten und nach Belieben mit (veganem) Parmesan bestreut servieren.

Tipp

Für eine Variante mit Speck den Blumenkohl nach dem Anbraten in zwei Teile teilen. Die eine Hälfte mit Räuchertofu und Sojacreme mischen (Mengen anpassen). Unter die zweite Hälfte den angebratenen Speck und nach Belieben normale Sahne rühren. Natürlich empfehle ich erstmal die rein pflanzliche Variante für alle, aber wenn das auf Widerstand stößt, kann man flexibel variieren.

ROTE-BETE-STEAK

Dieses Rezept hatte ich fast schon vergessen. Es ist so lecker, dass es unbedingt mehr Fans verdient. Auch alle Kinder, die es bisher probiert haben, finden es super!

FÜR 4 PORTIONEN
20 Min. Zubereitung
Pro Portion ca. 280 kcal,
9 g E, 22 g F, 10 g KH

60 g Sonnenblumenkerne
4 EL Sojasauce
2 mittelgroße Rote Beten
2 EL Olivenöl
4 Scheiben Käse
4 Scheiben vegane Käsealternative

1 Die Sonnenblumenkerne in einer beschichteten Pfanne ohne Fett anrösten, bis sie leicht braun werden. Die Pfanne vom Herd nehmen und die Kerne mit Sojasauce ablöschen. Beiseitestellen.

2 Die Roten Beten schälen und in ca. 1 cm dicke Scheiben schneiden. Das Öl in einer großen Pfanne erhitzen und die Rote-Bete-Scheiben darin bei mittlerer Hitze von beiden Seiten je 5 Min. braten. Erneut wenden und auf jede Rote-Bete-Scheibe 1 Scheibe Käse bzw. veganen Käseersatz legen. Deckel auflegen und 2 Min. weiterbraten, bis der Käse zerläuft.

3 Die Rote-Bete-Steaks auf Tellern anrichten und mit je 1 EL gerösteten Sonnenblumenkernen bestreuen. Dazu passt Reis und Salat.

Tipp
Wenn du es lieber magst, wenn die Rote Bete weicher ist, solltest du die ungeschälte Knolle vorher etwa 30 Min. in Wasser kochen. Damit du keine roten Finger beim Schälen bekommst, mach deine Hände vor dem Schälen einfach nass und wasche sie danach schnell wieder ab, dann nehmen sie die Farbe nicht an.

SCHNITZEL MIT PILZEN

Die panierten Sellerieschelben bringen etwas pflanzliche Abwechslung ins Reich der Schnitzelliebhaber.

FÜR 4 PORTIONEN
35 Min. Zubereitung
Pro Portion ca. 245 kcal,
11 g E, 12 g F, 22 g KH

1 Knolle Sellerie
Salz
50 g Linsenmehl (ersatzweise Dinkelmehl)
½ TL Currypulver
½ TL Gemüsebrühepulver
½ TL Pfeffer
1 TL Senfpulver
80 ml Pflanzendrink (z. B. Haferdrink)
50 g Paniermehl
1 Zwiebel
500 g Pilze (z. B. Champignons)
3–4 EL Bratöl (z. B. Kokos)
Salz, Pfeffer
1 Handvoll TK-Petersilie
1 EL Olivenöl

1 Den Sellerie schälen, halbieren und in ca. 1 cm dicke Halbmonde schneiden. In einem Topf reichlich Salzwasser zum Kochen bringen und die Selleriescheiben darin ca. 10 Min. garen.

2 In der Zwischenzeit das Linsenmehl in einem tiefen Teller mit den Gewürzen, Senf und Pflanzendrink mit einem Schneebesen vermengen. Das Paniermehl in einen weiteren tiefen Teller geben.

3 Die Zwiebel schälen und in feine Würfel schneiden. Die Pilze putzen und in Scheiben schneiden.

4 2 EL Öl in einer Pfanne erhitzen und die Zwiebelwürfel darin glasig dünsten. Die Pilze dazugeben und scharf anbraten. Mit Salz und Pfeffer würzen und die Petersilie unterrühren. Beiseitestellen und warm halten.

5 Selleriescheiben abgießen und trocken tupfen. Übriges Öl in einer beschichteten Pfanne erhitzen. Nach und nach die Selleriescheiben erst in der Mehl-Pflanzendrink-Mischung von beiden Seiten wenden und dann im Paniermehl.

6 Die Schnitzel in der Pfanne von beiden Seiten bei mittlerer Hitze goldbraun braten. Fertige Schnitzel auf Teller verteilen und mit den Pilzen bestreut servieren. Dazu passt Kartoffelstampf, Reis oder Nudeln.

Tipp

Viele Kinder mögen sahnige Saucen. Wenn das bei euch auch der Fall ist, gibst du noch Sojacreme zu den gebratenen Pilzen. Abschmecken nicht vergessen! Wenn Pilze nicht so angesagt sind, nimm Möhren oder Paprika als Gemüsebeilage und brate sie wie beschrieben.

KARTOFFELEINTOPF MIT VURST

Dies ist ein leckerer Kartoffeleintopf, so wie er bei Oma schmeckt. Er wärmt, sättigt und tut der Seele gut.

FÜR 6 PORTIONEN
45 Min. Zubereitung
Pro Portion ca. 275 kcal,
9 g E, 14 g F, 25 g KH

800 g Kartoffeln
2 Möhren
1 Stange Lauch
1 Zwiebel
2 Knoblauchzehen
1 Handvoll Petersilie
4 vegane Würstchen (Wiener Art; für Fleischliebhaber echte Wiener Würstchen)
1 EL Rapsöl
1 l Gemüsebrühe
150 g Sojacreme
1 EL Weißweinessig
Salz, Pfeffer

1 Die Kartoffeln schälen und achteln. Die Möhren und den Lauch putzen, gründlich waschen bzw. schälen und getrennt in Würfel schneiden.

2 Die Zwiebel und den Knoblauch schälen und in feine Würfel schneiden. Die Petersilie waschen, trocken schütteln und hacken. Die (veganen) Wiener Würstchen in Scheiben schneiden.

3 Das Öl in einem weiten Topf erhitzen und die Zwiebel, den Knoblauch und den Lauch darin anbraten. Mit Gemüsebrühe ablöschen, die Kartoffeln, die Möhren und die Petersilie dazugeben. Deckel auflegen und bei mittlerer Hitze 20 Min. köcheln.

4 Nach 20 Min. die Sojacreme einrühren und den Eintopf mit Essig, Salz und Pfeffer abschmecken. Die veganen Würstchen in den Topf geben und noch 5 Min. weiterköcheln lassen.

Tipp
Wenn du die Suppe noch deftiger magst, kannst du auch noch 250 g gewürfelten Räuchertofu mitkochen. Eine andere Möglichkeit: Du teilst die Suppe auf zwei Töpfe auf. In den einen Topf kommen Speck und Wiener Würstchen und in den anderen Räuchertofu und vegane Würstchen.

KLASSISCHE LINSENSUPPE

Ein leckeres, eiweißreiches und wärmendes Rezept, das prima für die ganze Familie funktioniert. Egal ob rein pflanzlich oder mit Fleisch.

FÜR 4 PORTIONEN
45 Min. Zubereitung
Pro Portion ca. 435 kcal, 22 g E, 17 g F, 41 g KH

1 Zwiebel
1 Bund Suppengrün
3 festkochende Kartoffeln
150 g Räuchertofu
150 g braune Linsen
2 EL Olivenöl
1 L Gemüsebrühe
½ TL gemahlener Kreuzkümmel
3 TL Weißweinessig
1 TL Ahornsirup
Salz, Pfeffer
3 vegane Würstchen

1 Die Zwiebel schälen und in feine Würfel schneiden. Das Suppengrün waschen, Sellerie und Möhre schälen und alles in Würfel schneiden. Die Kartoffeln waschen, schälen und achteln.

2 Den Räuchertofu ebenfalls in Würfel schneiden. Die Linsen in ein Sieb abgießen und gründlich waschen.

3 Das Olivenöl in einen großen Topf geben und die Zwiebel mit dem Räuchertofu bei mittlerer Hitze anbraten, das Suppengrün dazugeben und bei mittlerer bis großer Hitze weitere 5 Min. anrösten.

4 Mit Gemüsebrühe ablöschen. Kreuzkümmel, Essig, Ahornsirup, Salz und Pfeffer dazugeben. Nun die Kartoffeln und die Linsen hinzufügen, Deckel auflegen und bei mittlerer Hitze 25 Min. köcheln. In der Zwischenzeit die veganen Würstchen in Scheiben schneiden und nach 20 Min. mit in die Suppe geben.

5 Die Suppe mit Petersilie bestreut servieren. Dazu passt Vollkornbrot oder Baguette.

Tipp

Für deine Patchfood-Familie kochst du die Suppe ohne Räuchertofu (es sei denn, die Fleischesser sind dafür offen) und bereitest das Grundrezept komplett pflanzlich zu. Dann schneidest du die veganen Würstchen und die Wiener Würstchen separat in Scheiben, teilst die Suppe in 2 Töpfe auf und in den einen kommt die vegane Wurst, in den anderen die Wiener Wurst. Lass die Würste kurz warm werden und serviere dann jedem das, was er am liebsten mag.

LAUCHSUPPE MIT BLUMENKOHL UND SOJAHACK

Eine der besten Suppen, die ich kenne und besonders an kalten Tagen ein wahrer Segen. Auch wenn sie ein bisschen Zeit braucht. Es lohnt sich! Für Feste ist es eine tolle Suppe für das Buffet.

FÜR 8 PORTIONEN
20 Min. Zubereitung
35 Min. Kochen
Pro Portion ca. 365 kcal,
18 g E, 22 g F, 21 g KH

250 g Sojahack
2 EL Sojasauce
1 TL Gemüsebrühepulver
½ TL Knoblauchgewürz
1 Zwiebel
3 Knoblauchzehen
2 Stangen Lauch
1 Blumenkohl
5 Kartoffeln
250 g Räuchertofu
2 EL Olivenöl
600 ml Gemüsebrühe
1 EL gehackte Petersilie
1 TL getrockneter Thymian
1 TL getrockneter Rosmarin
4 EL Hefeflocken
Saft und abgeriebene Schale von ½ Bio-Zitrone
150 g vegane Crème-fraîche-Alternative (z. B. Creme Vega)
Salz, Pfeffer
250 g Sojacreme

1 Das Sojahack (sofern es getrocknet ist) mit 2 EL Sojasauce, 200 ml kochendem Wasser, dem Gemüsebrühepulver und dem Knoblauchgewürz vermengen und 10 Min. ziehen lassen. Bei fertigem Sojahack (z. B. von Rügenwalder) entfällt dieser Schritt.

2 In der Zwischenzeit die Zwiebel und den Knoblauch schälen und in kleine Würfel schneiden. Das Gemüse je nach Sorte waschen und putzen, die Kartoffeln schälen. Lauch, Blumenkohl und Kartoffeln in mundgerechte Stücke schneiden. Den Räuchertofu in kleine Würfel schneiden.

3 Das Öl in einem großen Topf erhitzen und Zwiebeln, Knoblauch und Lauch darin anbraten. Blumenkohl, Tofu, Sojahack mitsamt Einweichflüssigkeit und die Kartoffeln dazugeben. Mit Gemüsebrühe ablöschen.

4 Die Petersilie, Thymian, Rosmarin, Hefeflocken, Zitronensaft und -schale und Creme Vega unterrühren. Mit Salz und Pfeffer abschmecken und alles zusammen unter Rühren aufkochen.

5 Deckel auflegen und die Suppe unter gelegentlichem Umrühren bei mittlerer Hitze 35 Min. köcheln lassen. In den letzten 5 Min. die Sojacreme dazugeben und nochmals abschmecken. Dazu schmeckt Baguette.

Tauschtipp

Anstelle von Sojahack kannst du Sonnenblumenhack, gehackte Walnüsse oder »normales« Hackfleisch verwenden. Wenn der Rest der Familie auf Fleisch besteht, bereite die Suppe erst vegan zu, teile anschließend die Portionen in zwei Töpfe und füge zum einen Topf das angebratene Hackfleisch, zum anderen Topf das Sojahack hinzu.

HÜHNERFRIKASSEE

Ein absoluter Klassiker in der deutschen Küche, den Kinder häufig sehr gern essen. In der veganen Variante schmeckt er ebenfalls richtig gut, lass dich überraschen!

FÜR 4 PORTIONEN
40 Min. Zubereitung
Pro Portion ca. 425 kcal,
17 g E, 18 g F, 49 g KH

350 g (Vollkorn-)Basmatireis
Salz
1 kleine Zwiebel
200 g Champignons
1 EL Olivenöl
400 g vegane Chicken Chunks
1 EL Bratöl
200 g TK-Erbsen
300 ml Gemüsebrühe
1 EL Weißwein-Essig
170 g weißer Spargel (frisch oder aus dem Glas)
250 g Sojacreme
Pfeffer

1 Den Basmatireis gründlich in einem Sieb abspülen und mit der anderthalbfachen Menge Wasser aufkochen. 1 TL Salz unterrühren. Wenn sich das Wasser bis auf die »Reiskante« reduziert hat, den Reis noch einmal durchrühren. Deckel auflegen und bei kleiner Hitze 20 Min. garen. (Für Vollkornreis die doppelte Menge Wasser nehmen, Deckel gleich nach dem Aufkochen auflegen und bei kleiner Hitze in 40 Min. gar kochen.)

2 Die Zwiebel schälen und in kleine Würfel schneiden. Die Champignons putzen und in Scheiben schneiden. Olivenöl in einer großen Pfanne erhitzen und Zwiebeln und Pilze bei großer Hitze darin anbraten. Parallel dazu die Hähnchen-Chunks in einer zweiten Pfanne mit Bratöl scharf anbraten. Die TK-Erbsen in einem Sieb abspülen, abtropfen lassen und in die Pfanne zu den Zwiebeln geben.

3 Die angebratenen Chunks mit in die große Pfanne geben und alles mit Gemüsebrühe und Essig ablöschen. Spargel in ein Sieb abgießen, bei Bedarf in Stücke schneiden und in die Pfanne geben. (Bei frischem Spargel die Stangen schälen, die Enden abschneiden und in ca. 3 cm lange Stücke schneiden.)

4 Einen Deckel auflegen und alles 5 Min. köcheln lassen. Anschließend die Sojacreme hinzufügen und mit Salz und Pfeffer abschmecken. Weitere 5 Min. köcheln lassen und mit dem Basmatireis servieren.

Tipp

Für eine gesündere Variante verwendest du Jackfruit statt veganer Schnetzel. Jackfruit gibt es in der Dose im Biomarkt. Es ist eine Frucht, die unreif geerntet neutral schmeckt und in der Konsistenz an Hähnchenfleisch erinnert. Am besten marinierst du die Jackfruit Chunks mit Olivenöl, Brathähnchengewürz und Knoblauch.

SOJASCHNETZEL STROGANOFF ART

Deftig und lecker, auch für Fleischliebhaber ein Genuss!

FÜR 6 PORTIONEN
30 Min. Zubereitung
Pro Portion ca. 210 kcal,
16 g E, 11 g F, 10 g KH

250 ml kräftige Gemüsebrühe
150 g grobe Sojaschnetzel
3 Knoblauchzehen
3 EL Tomatenmark
4 EL Sojasauce
1 TL gemahlener Kreuzkümmel
1 TL edelsüßes Paprikapulver
Pfeffer
½ TL getrockneter Oregano
1 Zwiebel
1 rote Paprika
1 grüne Paprika
250 g Champignons
2 EL Olivenöl
etwas Weißwein oder Aceto balsamico bianco
150 g vegane Crème-fraîche-Alternative (z. B. Creme Vega)
1 EL gehackte Petersilie zum Bestreuen

1 Die Gemüsebrühe zum Kochen bringen und die Sojaschnetzel darin in 5 Min. weich kochen. Knoblauch schälen. Die Sojaschnetzel in ein Sieb abgießen und das Kochwasser dabei auffangen. Die Schnetzel in eine Schüssel füllen und 2 Knoblauchzehen dazupressen. Tomatenmark, Sojasauce und die Gewürze unterrühren und die Schnetzel in der Würzmischung marinieren.

2 Die Zwiebel schälen, das übrige Gemüse je nach Sorte waschen, putzen und klein schneiden. 1 EL Öl in einem großen Topf erhitzen und Zwiebeln und Gemüse darin scharf anbraten, mit ein wenig der aufgefangenen Brühe ablöschen und beiseitestellen.

3 Die Sojaschnetzel gut ausdrücken (Einweichwasser auffangen und später wieder in die Sauce geben). Übriges Öl in einer Pfanne erhitzen und die Schnetzel darin scharf anbraten. Mit Weißwein ablöschen und anschließend in den Topf mit dem Gemüse geben.

4 Übrige Knoblauchzehe in die Sauce pressen. Erneut aufkochen und übrige Gemüsebrühe dazugeben. Creme Vega und ca. 150 ml Wasser unterrühren. Etwa 15 Min. köcheln lassen und auf Tellern anrichten, Petersilie aufstreuen. Dazu passt Basmatireis.

Tipp

Vollwertiger wird das Gericht, wenn du Vollkornreis oder -nudeln dazu isst. Gut zu wissen: Bei gut gewürzten Saucen fällt es gar nicht so auf, wenn man Vollkorngetreide dazu isst. Für Vollkorn-Einsteiger also ideal!

GULASCH

Ich habe dieses Gericht aus meiner Erinnerung nachgekocht. Familie und Freunde finden es sehr lecker. Übrigens: Da Sojaschnetzel keine lange Garzeit haben, reichen 30 Min. zum Garen.

FÜR 6 PORTIONEN
1 Std. Zubereitung
Pro Portion ca. 295 kcal,
24 g E, 8 g F, 27 g KH

Für die Marinade
3 EL Sojasauce
3 EL Tomatenmark
1 TL mittelscharfen Senf
1 TL Gulaschgewürz
2 Knoblauchzehen
300 ml heiße Gemüsebrühe

Für das Gulasch
200 g grobe Sojaschnetzel
2 Zwiebeln
2 Knoblauchzehen
3 rote Paprika
300 g festkochende Kartoffeln
2 EL Olivenöl
2 EL Aceto balsamico
50 ml Sojasauce
800 g stückige Tomaten
3 EL Tomatenmark
1 TL edelsüßes Paprikapulver
1 TL gemahlener Kreuzkümmel
1 TL Gulaschgewürz
1 Msp. Chiliflocken
2 Lorbeerblätter
1 TL Gemüsebrühepulver
Salz, Pfeffer

1 Für die Marinade die Sojasauce, das Tomatenmark, den Senf und das Gulaschgewürz miteinander in einer verschließbaren Schüssel vermengen. Die Knoblauchzehen schälen und in die Marinade pressen. Die Sojaschnetzel dazugeben und alles gut verrühren. Die heiße Gemüsebrühe darübergießen und nochmals umrühren. Mind. 15 Min., am besten aber über Nacht, abgedeckt im Kühlschrank durchziehen lassen.

2 Die Zwiebeln und den Knoblauch schälen. Die Zwiebeln in Würfel schneiden. Die Paprika waschen, halbieren, weiße Trennwände und Kerne entfernen und in grobe Stücke schneiden. Die Kartoffeln schälen und in Achtel teilen.

3 Das Öl in einem großen Topf erhitzen und die Zwiebeln darin glasig andünsten. Die marinierten Sojaschnetzel dazugeben und scharf anbraten. Mit Essig und Sojasauce ablöschen. Tomaten, Tomatenmark, Kartoffeln und alle Gewürze einrühren. Den Knoblauch hineinpressen. Gemüsebrühepulver mit in den Topf geben, gut verrühren und alles aufkochen.

4 Deckel auflegen und 30 Min. bei mittlerer Hitze köcheln lassen. Mit Salz und Pfeffer würzen und weitere 15 Min. köcheln lassen. Dazu passt z. B. frisches Fladenbrot (siehe S. 142).

Tipp

Wenn ihr das Rezept auch für Fleischesser machen möchtet, empfehle ich die Sojaschnetzel und das Fleisch separat anzubraten. In einem Topf bereitet ihr das Gemüse bzw. die übrigen Zutaten zu. Dann teilt ihr die vegane Portion in einen kleinen Topf ab, gebt dort die Sojaschnetzel hinein (entsprechend weniger natürlich) und lasst es fertig köcheln, während in den großen Topf das Fleisch hineingegeben wird und in ca. 45 Min. fertigkocht.

ZUCCHINI-LAUCH-QUICHE

Diese Quiche ist so einfach und lecker, dass man sie ruhig der ganzen Familie anbieten kann. Geröstete Pinienkerne geben ihr einen besonderen Pfiff.

FÜR 8 PORTIONEN
30 Min. Zubereitung
50 Min. Backen
Pro Portion ca. 360 kcal,
9 g E, 23 g F, 27 g KH

Für den Teig
100 g kalte vegane Margarine
250 g Vollkornmehl
½ TL Salz

Für die Füllung
1 Zwiebel
2 Knoblauchzehen
2 Zucchini
2 Stangen Lauch
½ Bund Petersilie
2 EL Olivenöl
250 ml Gemüsebrühe
250 g Sojacreme
(z. B. Provamel)
3 EL Mandelmus
2 EL Hefeflocken
1 EL Kichererbsenmehl
Salz, Pfeffer

Außerdem
vegane Margarine für die Form
Backerbsen zum Blindbacken

1 Die kalte Margarine klein würfeln. Mit Mehl, Salz und 50 ml Wasser verkneten. Den Teig in Folie wickeln und 20 Min. im Kühlschrank ruhen lassen. Inzwischen Zwiebel und Knoblauch schälen und fein hacken. Zucchini waschen, von den Enden befreien und in Würfel schneiden. Lauch längs halbieren, gründlich waschen und in Halbringe schneiden. Petersilie waschen, trocken schütteln und fein hacken.

2 Olivenöl in einer Pfanne erhitzen und Zwiebeln und Knoblauch darin anbraten. Lauch und Zucchini hinzufügen und bei großer Hitze scharf anbraten. Gemüsebrühe in die Pfanne gießen. Die Sojacreme dazugeben und bei kleiner Hitze 3 Min. köcheln lassen.

3 Mandelmus mit 80 ml kochendem Wasser cremig verrühren. Hefeflocken und Kichererbsenmehl unterrühren und mit Salz und Pfeffer würzen. Die Creme in die Gemüsepfanne rühren und kurz mitkochen.

4 Den Backofen auf 180° vorheizen. Eine Quicheform (ca. 26 cm Ø) mit Margarine fetten. Den Teig in die Form drücken, an den Seiten Ränder hochziehen. Den Teig mit einer Gabel einstechen, Backerbsen darauf verteilen und im Ofen (Mitte) ca. 10 Min. vorbacken.

5 Quiche herausnehmen und die Ofentemperatur auf 200° erhöhen. Gemüse auf dem Teig verteilen und im Ofen (Mitte) 10 Min. backen. Temperatur auf 180° reduzieren. Die Quiche in ca. 30 Min. fertig backen.

Tipp

Wer es deftiger mag, kann klein gewürfelten Räuchertofu unter die Füllung mischen. Für Erwachsene empfehle ich zum Ablöschen 1 Schuss Weißwein.

LINSEN-WRAPS

Linsenpfannkuchen sind eine tolle, proteinreiche Alternative zu klassischen Pfannkuchen. Als Basis für Wraps lieben meine Kinder sie!

FÜR 8 STÜCK
30 Min. Zubereitung
4 Std. Einweichen
Pro Portion ca. 290 kcal,
14 g E, 17 g F, 20 g KH

200 g rote oder gelbe Linsen
½ TL Salz
8 Salatblätter
300 g Räuchertofu (z. B. Denns)
2 EL Olivenöl
8 TL Möhren-Walnuss-Aufstrich (Seite 128, ersatzweise vegane Mayonnaise)
Möhrensalat (siehe S. 122)

1 Linsen mind. 4 Std., am besten über Nacht, in ausreichend Wasser einweichen. Die Linsen in ein Sieb abgießen. Mit 100 ml Wasser und Salz in einem Mixer pürieren. Die Salatblätter waschen, mit einem Küchentuch trocken tupfen und beiseitestellen.

2 Den Räuchertofu in 1 cm breite Streifen schneiden. 1 EL Öl in einer beschichteten Pfanne erhitzen und Tofustreifen darin kross anbraten.

3 Übriges Öl in einer weiteren beschichteten (!) Pfanne erhitzen, 1 Kelle Linsenteig hineingeben, bei Bedarf zu den Rändern hin verstreichen und von beiden Seiten ausbacken. Der Pfannkuchenteig sollte nicht zu dick sein. Ich schwenke die Pfanne immer, um den Teig schön zu verteilen (der Teig ist etwas zähflüssig), du kannst aber auch einen Pfannenwender verwenden.

4 Pfannkuchen erst wenden, wenn der Teig Bläschen wirft und die Oberfläche trocken ist. Der Pfannkuchen sollte auf beiden Seiten leicht angeröstet sein. Die fertigen Pfannkuchen bis zur Weiterverarbeitung auf einem Teller stapeln.

5 Die Pfannkuchen auf Teller verteilen. Mit Aufstrich bestreichen, Salatblatt darauflegen und anschließend 2 großzügige EL Möhrensalat darauf verteilen. Zuletzt den gebratenen Tofu darauf platzieren. Den Wrap vorsichtig aufrollen und am besten mit Messer und Gabel genießen.

LINSENTOFU

Leckere Alternative zu Tofu aus Soja. Linsen-Tofu ist würzig und punktet mit wertvollen Nährstoffen, wie hochwertigem Protein, Eisen, Kalzium und Zink.

FÜR 6 PORTIONEN
10 Min. Zubereitung
12 Std. Einweichen
Pro Portion ca. 135 kcal, 8 g E, 6 g F, 14 g KH

200 g rote Linsen
2 EL Zitronensaft
½ Salz
2–3 EL Bratöl

1 Die Linsen über Nacht mit Zitronensaft und 400 ml warmem Wasser einweichen.

2 Am nächsten Tag in ein Sieb abgießen und gründlich abspülen. Mit 50 ml kochendem Wasser und Salz pürieren. Bei Bedarf noch etwas kochendes Wasser dazugeben, wenn die Masse zu fest ist.

3 Die Linsenmasse in eine mit Backpapier ausgelegte viereckige Form geben und gut andrücken. Im Kühlschrank mind. 2 Std. vollständig auskühlen lassen.

4 Linsentofu aus der Form holen und in 0,5 cm dicke Streifen schneiden (wer lieber Würfel mag, schneidet Würfel). Das Öl in einer Pfanne erhitzen und den Tofu darin von beiden Seiten knusprig braten.

Tipp
Bereite den Tofu morgens zu, dann kann er über den Tag im Kühlschrank fest werden und du kannst ihn mittags oder abends braten. Schmeckt als Topping im Salat, als Zutat in einer Bowl, auf Brot oder auch einfach so zwischendurch.

KARTOFFELSTAMPF

Kartoffelstampf oder etwas feinerer Kartoffelbrei ist bei Kindern sehr beliebt. Mit diesem Rezept kannst du beide Varianten machen. Kartoffelstampf ist auch ein tolles Kinder-Mitmach-Rezept.

FÜR 4 PORTIONEN
35 Min. Zubereitung
Pro Portion ca. 200 kcal,
5 g E, 7 g F, 31 g KH

800 g mehligkochende Kartoffeln
Salz
20 g vegane Margarine
50 ml Sojadrink (ersatzweise Mandeldrink)
50 g Sojacreme zum Kochen
frisch geriebene Muskatnuss
Pfeffer

1 Die Kartoffeln schälen und in einem Topf mit Wasser und 1 TL Salz zum Kochen bringen. Den Deckel auflegen und in 20–25 Min. bei mittlerer Hitze weich kochen. Wenn die Kartoffeln gar sind, das Wasser abgießen und die Margarine in den Topf geben.

2 Mit einem Kartoffelstampfer die Kartoffeln klein stampfen. Den Sojadrink, die Sojacreme, 1 Prise Muskat, Salz und Pfeffer dazugeben und erneut stampfen. Für eine weichere Konsistenz noch mehr Sojadrink dazugeben und mit einem Schneebesen unterrühren.

Tipp
Dazu passen z. B. Brokkoli-Buchweizen-Taler (siehe S. 84), Schnitzel mit Pilzen (siehe S. 100) oder Möhrensalat mit gerösteten Nüssen (siehe S. 122).

FRISCHER MÖHRENSALAT

Möhrensalat ist ein Klassiker und mit fruchtigem Apfel und spritziger Zitronencreme-Sauce besonders lecker für Kinder.

FÜR 4 PORTIONEN
15 Min. Zubereitung
Pro Portion ca. 115 kcal,
3 g E, 4 g F, 16 g KH

Für das Dressing
2 EL vegane Crème-fraîche-Alternative (Creme Vega; ersatzweise 4 EL Sojacreme)
1½ EL Zitronensaft
1 TL Ahornsirup
1 TL Senf
Salz, Pfeffer

Für den Salat
6 mittelgroße Möhren
1 Apfel
2 EL gehackter Dill + Dill zum Garnieren

1 Die Creme Vega mit 50 ml heißem Wasser, Zitronensaft, Ahornsirup, Senf, Salz und Pfeffer mit einem Schneebesen in einer Salatschüssel verrühren.

2 Die Möhren schälen und raspeln. Den Apfel waschen, entkernen und raspeln. Mit der Möhre, dem Dill und der Salatsauce vermischen. Auf 4 Schälchen verteilen und mit Dill garnieren.

Tipp
Um den Salat nährstoffmäßig aufzupeppen, 3 EL gerösteten Sesam untermischen. Du kannst anstelle der Creme Vega auch Sojacreme nehmen, aber je nach Sorte hat sie einen leicht bohnigen Geschmack, den ich im Salat nicht lecker finde, der beim Kochen aber untergeht.

TOMATENSALAT MIT AVOCADO

Lecker, voller Nährstoff-Power und ganz schnell gemacht!

FÜR 4 PORTIONEN
15 Min. Zubereitung
Pro Portion ca. 320 kcal,
6 g E, 28 g F, 10 g KH

Topping
4 EL gehackte Kürbiskerne

Für die Sauce
4 EL Olivenöl
1 EL Aceto balsamico
1 Prise Rohrohrzucker
Salz, Pfeffer

Für den Salat
1 kleine rote Zwiebel
8 Strauchtomaten
1 reife Avocado
1 Handvoll Petersilie
8 Basilikumblätter

1 Die Kürbiskerne in einer Pfanne bei mittlerer Hitze 5–10 Min. anrösten, bis sie anfangen zu knacken, zwischendurch immer wieder umrühren, damit sie nicht anbrennen (am besten direkt mehr machen für die Vorratsdose).

2 In der Zwischenzeit die Zutaten für die Salatsauce in einer Salatschüssel anrühren.

3 Für den Salat die Zwiebel schälen und fein würfeln. Die Tomaten waschen, den Stielansatz entfernen und in Stücke schneiden. Mit den Zwiebeln in die Salatschüssel geben. Die Avocado halbieren, den Kern entfernen, das Fruchtfleisch mit einem Löffel aus der Schale heben und würfeln.

4 Die Kräuter waschen, trocken schütteln und fein hacken. Mit der Avocado zum Salat geben. Mit Salz und Pfeffer würzen.

Tipp
Der Salat eignet sich hervorragend als Beilagensalat z. B. zu Kartoffelstampf und Bratlingen. Oder zum Abendbrot als Rohkostkomponente. Du kannst den Salat auch als Topping für Brot vom Vortag verwenden, das du anröstest und mit dem Tomaten-Avocado-Salat als Bruschetta servierst.

BROTZEIT & SNACKS

Nährstoffreich

MÖHREN-WALNUSS-AUFSTRICH

Vegane Brotaufstriche sind schnell gemacht, schmecken wunderbar und bringen viele gesundheitliche Vorteile verglichen mit gekauften Aufstrichen.

Ergibt ca. 300 g
15 Min. Zubereitung
Pro Portion (ca. 15 g)
ca. 48 kcal, 1 g E,
4 g F, 3 g KH

3 Möhren
5 Stängel Petersilie
50 g Walnusskerne
1 TL getrockneter Oregano
1 TL Paprikapulver
½ TL gemahlener Kreuzkümmel
3 EL Tomatenmark
2 EL Olivenöl
1 TL Ahornsirup
Salz, Pfeffer

1 Die Möhren waschen, schälen und in grobe Stücke schneiden. Im (Hochleistungs-)Mixer auf kleinster Stufe fein hacken.

2 Die Petersilie waschen und trocken schütteln. Die Blätter abzupfen und fein hacken.

3 Die Walnüsse in einer Pfanne ohne Fett anrösten und anschließend mit einem großen Messer klein hacken. Wenn der Aufstrich sehr fein werden soll, können die Walnüsse zusammen mit den Möhren im Mixer kurz püriert werden. Achtung: Nicht zu lange und nicht zu stark, der Aufstrich sollte eine etwas körnige Konsistenz behalten.

4 Anschließend die Möhren-Walnuss-Masse in einer Schüssel mit der Petersilie, den Gewürzen, dem Tomatenmark, dem Olivenöl und dem Ahornsirup mischen und mit Salz und Pfeffer würzen.

Tipp
Als Variante kannst du eine kleine rote Zwiebel und eine Knoblauchzehe ganz fein hacken, in der Pfanne anrösten und in den Aufstrich rühren.

LINSENAUFSTRICH MIT TOMATE

Das Eisen in den Linsen kann der Körper besonders gut aufnehmen, daher empfehle ich, regelmäßig Linsen zu verzehren. Ein Aufstrich wie dieser ist eine willkommene Abwechslung!

Ergibt ca. 250 g
15 Min. Zubereitung
Pro Portion (ca. 15 g)
ca. 54 kcal, 31 g E,
1 g F, 7 g KH

100 g gelbe Linsen
1 Knoblauchzehe
250 ml Gemüsebrühe
½ TL getrockneter Oregano
1 kleine Frühlingszwiebel
5 getrocknete Tomaten
100 g Seidentofu
5 EL Tomatenmark
1 EL gehackte Petersilie
1 TL Aceto balsamico
1 TL Ahornsirup
1 TL gerösteter Sesam (ersatzweise gehackte, geröstete Sonnenblumenkerne)
Salz, Pfeffer

1 Die Linsen in einem Sieb gründlich waschen. Den Knoblauch schälen und fein hacken. Die Gemüsebrühe in einem kleinen Topf zum Kochen bringen und die Linsen mit Knoblauch und Oregano darin bei mittlerer Hitze zugedeckt unter gelegentlichem Rühren 20 Min. kochen. In der Zwischenzeit die Frühlingszwiebel waschen, putzen, halbieren und in feine Stücke schneiden.

2 Die getrockneten Tomaten mit einem scharfen Messer klein hacken. Am Ende der Garzeit alle übrigen Zutaten zu den Linsen geben und gründlich unterrühren. Mit Salz und Pfeffer abschmecken und in ein sauberes Schraubglas füllen. Erst abkühlen lassen, dann gut verschließen und im Kühlschrank aufbewahren. Der Aufstrich ist gut gekühlt twa 3–4 Tage haltbar.

Tipp
Wenn du mal wenig Zeit hast, mach es dir leicht, indem du braune Linsen aus der Dose nimmst. Du kannst auch andere Hülsenfrüchte für den Aufstrich probieren, so bekommt du kinderleicht mehr Variation im Speiseplan.

MEDITERRANER AUFSTRICH

Diesen Aufstrich kannst du gleich parallel mit Ofengemüse fürs Abendessen zubereiten, dann schlägst du zwei Fliegen mit einer Klappe.

Ergibt ca. 400 g
45 Min. Zubereitung
Pro Portion (ca. 15 g)
ca. 25 kcal, 1 g E,
1 g F, 2 g KH

1 kleiner Zucchino
1 kleine Aubergine
1 Paprika
Salz
1 Knoblauchzehe
2 EL Olivenöl
50 g Cashewkerne
1 EL Zitronensaft
1 TL Ahornsirup
1 Msp. abgeriebene Bio-Zitronenschale
1 Msp. Rosmarin
1 Msp. getrockneter Oregano
1 Msp. Thymian
Pfeffer

1 Das Gemüse waschen. Von Zucchino und Aubergine die Enden abschneiden und die Früchte in grobe Stücke teilen. Paprika halbieren, weiße Trennwände und Kerne entfernen und in Stücke schneiden.

2 Backofen auf 180° vorheizen. Auberginenstücke salzen und 10 Min. Wasser ziehen lassen. Den Knoblauch schälen, halbieren und mit dem übrigen Gemüse gleichmäßig auf einem mit Backpapier belegten Backblech verteilen. Olivenöl über das Gemüse träufeln und im Ofen (Mitte) 25 Min. backen. Das Gemüse zwischendurch wenden.

3 Anschließend das Gemüse mit den übrigen Zutaten im Mixer zu einer Creme pürieren und mit Salz und Pfeffer abschmecken. In 2 abgekochte Gläser füllen, abkühlen lassen und gut verschlossen im Kühlschrank aufbewahren. Der Aufstrich ist gut gekühlt etwa 5 Tage haltbar.

Tipp
Bei selbst gemachten Aufstrichen sowie bei veganen Aufstrichen und Bio-Marmeladen sollte immer ein sauberes Messer zum Entnehmen benutzt werden, da sie sonst unnötig schnell verderben.

WEISSE-BOHNEN-HUMMUS

Hummus ist ein toller ballaststoff-, eiweiß- und nährstoffreicher Dip, den Kinder in der Regel sehr gern essen. Ich bin gespanntes, wie euch diese Variante schmeckt.

Ergibt ca. 270 g
10 Min. Zubereitung
Pro Portion (ca. 15 g)
ca. 30 kcal, 1 g E,
2 g F, 2 g KH

250 g weiße Bohnen (aus dem Glas)
1 Knoblauchzehe
1 EL Tahin (Sesampaste)
Saft und abgeriebene Schale von ½ Bio-Zitrone
1 EL Olivenöl

Außerdem
Salz, Pfeffer
Olivenöl
gerösteter Sesam

1 Alle Zutaten im (Hochleistungs-)Mixer etwa 1 Min. zu einer feinen Creme mixen.

2 Mit Salz und Pfeffer würzen, auf einem Teller anrichten. Etwas Olivenöl aufträufeln, Sesam aufstreuen und z. B. mit Sesamkräckern servieren.

Tipp
Hummus kennen wir klassischerweise mit Kichererbsen, dabei gibt es eine breite Vielfalt, diesen leckeren Dip zu variieren. Auch mit Linsen schmeckt er z. B. toll. Du kannst auch etwas gekochte Rote Bete mitmixen, um dem Hummus eine leuchtende Farbe und eine süße, erdige Note zu geben. Viel Spaß beim Experimentieren!

WÜRZIGER PAPRIKASTREICH

Aufstriche sind nicht nur auf dem Brot lecker, sondern auch toll als Dip. Auch für Nicht-Veganer sind sie eine leckere Alternative zu Wurst und Käse auf dem Brot.

Ergibt ca. 550 g
15 Min. Zubereitung
Pro Portion (ca. 15 g)
ca. 26 kcal, 1 g E,
1 g F, 1 g KH

2 rote Paprika
1 Knoblauchzehe
2 TL Olivenöl
100 g Cashewkerne
2 EL Tomatenmark
1 TL edelsüßes Paprikapulver
½ TL gemahlener Kreuzkümmel
½ TL Essig
Salz, Pfeffer

Außerdem
1 Frühlingszwiebel
(nach Belieben)

1 Die Paprika waschen, halbieren, weiße Trennwände und Kerne entfernen und in Würfel schneiden. Den Knoblauch schälen und in Scheiben schneiden.

2 Das Öl in einer beschichteten Pfanne erhitzen und Paprika und Knoblauch darin anbraten. Nach 5 Min. die Cashewkerne hinzufügen. Alles weitere 5 Min. bei mittlerer Hitze braten.

3 Die Paprikamischung mit den übrigen Zutaten verrühren. Mit einem Pürierstab oder im Mixer pürieren und mit Salz und Pfeffer würzen. Nach Belieben Frühlingszwiebel waschen, putzen und in schmale Ringe schneiden. Auf den Aufstrich streuen und servieren.

Tipp
Du kannst diesem Aufstrich ganz schnell einen mediterranen Touch verpassen: Einfach noch ½ TL getrockneten Oregano und 1 Msp. getrockneten Rosmarin dazugeben. Mit Chiliflocken wird das Ganze ein bisschen pikanter.

ROHKOSTSTICKS MIT DIPS

Ein bisschen Rohkost zu jeder Mahlzeit hilft dabei, täglich auf fünf Portionen Obst und Gemüse zu kommen – die Amerikaner empfehlen sogar acht Portionen!

Für 4 Portionen
35 Min. Zubereitung
Pro Portion ca. 400 kcal,
17 g E, 14 g F, 52 g KH

Für den Linsendip
50 g rote Linsen
1 TL Gemüsebrühepulver
1 TL Essig, 1 TL Ahornsirup
2 EL TK-Petersilie
20 g getrocknete Tomaten in Öl
1 Knoblauchzehe
50 g grüne Oliven (ohne Stein)
Salz, Pfeffer

Für den pikanten Dip
1 Dose Kidneybohnen
1 EL Essig, 1 EL Olivenöl
2 EL Tomatenmark
1 TL Senf
1 TL gemahlener Kreuzkümmel
4 EL TK-Petersilie
1 Msp. Chiliflocken, 2 EL Sesam
Salz, Pfeffer

Für die Rohkost
4 Möhren, 3 Paprika
2 Salatgurken
4 Stangen Staudensellerie
Kirschtomaten
Radieschen

1 Für den Linsendip die Linsen in einem Sieb gründlich abspülen. Mit der doppelten Menge Wasser in einem kleinen Topf zum Kochen bringen, Deckel auflegen und 10 Min. bei kleiner Hitze köcheln. Das Gemüsebrühepulver, Essig, Ahornsirup und Petersilie hinzufügen. Bei Bedarf bis ca. 50 ml Wasser angießen und weitere 3 Min. ohne Deckel köcheln. Vom Herd nehmen.

2 Die Tomaten abtropfen lassen und grob zerkleinern. Knoblauch schälen und halbieren. Mit den Oliven unter den Linsenmix rühren und abkühlen lassen. Mit einem Pürierstab grob zerkleinern. Mit Salz und Pfeffer würzen. In ein Glas füllen, abkühlen lassen und bis zum Verzehr gut verschlossen im Kühlschrank aufbewahren.

3 Für den pikanten Dip die Kidneybohnen in einem Sieb gründlich abspülen und abtropfen lassen. Mit den übrigen Zutaten in einen hohen Rührbecher geben und mit dem Pürierstab zu einer glatten Creme pürieren. In ein Glas umfüllen und bis zum Verzehr gut verschlossen im Kühlschrank aufbewahren.

4 Für die Rohkost-Sticks das Gemüse waschen. Die Möhren schälen. Paprika halbieren und weiße Trennwände und Kerne entfernen. Gurken, Möhren, Sellerie sowie Paprika in 1 cm dicke Streifen schneiden. Die Gemüsestifte auf einem großen Teller schön anrichten. Die Kirschtomaten und die Radieschen ganz auf dem Teller drapieren.

AVOCADOSTULLE

Wer liebt sie nicht, die Brote, die mit Liebe von den Eltern geschmiert werden. Warum nicht mal ein Brot mit köstlicher Avocadocreme?

Für 2 Portionen
10 Min. Zubereitung
Pro Portion ca. 530 kcal,
10 g E, 37 g F, 38 g KH

4 Scheiben Vollkornbrot
1 Avocado
1 TL Zitronensaft
Kräutersalz
4 Salatblätter
2 TL Schnittlauchröllchen
2 EL Kresse oder Alfalfa-Sprossen
2 TL Olivenöl

1 Die Brotscheiben kross toasten.

2 Die Avocado halbieren, entkernen, das Fruchtfleisch mit einem Löffel aus der Schale heben und mit einer Gabel grob zerdrücken. Den Zitronensaft unterrühren. Mit Kräutersalz würzen. Die Salatblätter waschen und trocken tupfen.

3 Auf zwei getoastete Brotscheiben je 1 Salatblatt legen. Die Avocadocreme großzügig darauf verteilen. Den Schnittlauch und die Kresse auf die Creme streuen und jeweils mit 1 Salatblatt bedecken. Auf die anderen beiden Brotscheiben je 1 TL Olivenöl streichen. Mit der Olivenölseite nach unten als Deckel auf die Avocadobrote legen und einpacken oder sofort genießen.

Tipp
Für Mama und Papa können zusätzlich noch ein paar Chiliflocken und ein wenig Pfeffer auf die Brote gestreut werden.

ÜBERBACKENES FLADENBROT

Selbst gemachtes Fladenbrot ist eine tolle Möglichkeit, es ganz ohne Zucker und Weißmehl zuzubereiten. Ich backe es auch gern in der Pfanne aus!

Für 4 Portionen
10 Min. Zubereitung
10 Min. Ruhen
20 Min. Backen
Pro Portion ca. 565 kcal,
19 g E, 15 g F, 83 g KH

Für das Fladenbrot
450 g Vollkorn-Dinkelmehl
2 TL Backpulver
1½ TL Salz
1½ EL Olivenöl
150 g vegane Soja-Joghurt-alternative

Für den Belag
reife Tomaten
schwarzer Sesam
veganer Reibekäse
Salz, Pfeffer

Außerdem
Öl zum Arbeiten
Kresse zum Bestreuen

1 Die trockenen Zutaten für das Fladenbrot in einer Schüssel mischen. Olivenöl, 150 ml Wasser und Joghurtalternative dazugeben und alles mit den Knethaken des Handrührgeräts zu einem glatten Teig verrühren. Den Teig 10 Min. ruhen lassen.

2 In der Zwischenzeit die Tomaten waschen, in Scheiben schneiden und beiseitestellen. Sesam in einer Pfanne ohne Fett anrösten, bis er duftet. In eine kleine Schale füllen und beiseitestellen.

3 Den Backofen auf 180° vorheizen. Den Fladenbrotteig mit einem Löffel in 8 Portionen teilen. Mit leicht geölten Händen (der Teig ist meist recht klebrig) 8 Fladen formen und auf ein mit Backpapier belegtes Backblech legen. Mit einer Gabel ein paar Mal in den Teig piksen.

4 Im Ofen (Mitte) ca. 10 Min. backen. Aus dem Ofen holen, die Fladen umdrehen und mit Tomatenscheiben und veganem Käseschmelz belegen. Mit Salz und Pfeffer würzen.

5 Für weitere 10 Min. im Backofen überbacken. Mit Sesam und Microgreens bestreut servieren.

Tipp

Du kannst den Käseschmelz auch selbst machen. Ein Rezept findest du im Tipp auf S. 57. Wenn es mal schnell gehen soll, kaufst du einfach Fladenbrot. Wenn du mal keinen Sojajoghurt dahast, kannst du auch nur Wasser nehmen.

VOLLKORNBROT

Selbst gemachtes Brot ist richtig lecker und natürlich auch gesünder. Denn die Industrie mischt viele Zusatzstoffe ins Brot, auf die wir, wenn wir selbst Hand anlegen, verzichten können.

Für 1 Brot (ca. 17 Scheiben)
10 Min. Zubereitung
2 Std. Ruhen
1 Std. Backen
Pro Scheibe ca. 175 kcal,
6 g E, 6 g F, 23 g KH

300 g Vollkorn-Dinkelmehl
150 g Hafermehl (fein gemahlene Haferflocken)
1 Päckchen Trockenhefe
30 g Kürbiskerne
30 g Sesam
30 g Leinsamen
Salz
1 TL Ahornsirup (ersatzweise Zucker)
350 ml zimmerwarmes Mineralwasser
4 EL Olivenöl

1 Alle trockenen Zutaten und 1½ TL Salz miteinander vermischen. Ahornsirup, Mineralwasser und Olivenöl dazugeben und alles mit den Knethaken des Handrührgeräts zu einem glatten Teig kneten.

2 Eine Kastenform (ca. 30 cm lang) mit Backpapier auslegen und den Brotteig hineingeben, 2 EL Wasser darauf verteilen und mind. 1 Std. abgedeckt im Backofen bei 50° gehen lassen, besser noch länger.

3 Wenn der Teig schön aufgegangen ist, die Abdeckung entfernen und die Ofentemperatur auf 160° erhöhen. Das Brot im Ofen (Mitte) ca. 1 Std. backen.

4 Nach 1 Std. das Brot herausholen, auf ein Gitter stürzen und den Klopftest machen: Auf den Boden des Brotes klopfen, hört es sich schön hohl an, ist das Brot fertiggebacken. Wenn es sich eher dumpf anhört, zurück in den Ofen schieben und weitere 10 Min. backen.

Tipp
Du kannst aus diesem Teig auch wunderbar Brötchen machen.

LINSENSALAT IM GLAS

Meiner Erfahrung nach ist ein leckerer Linsensalat sehr beliebt bei Kindern und eine tolle Möglichkeit, dieses protein- und eisenreiche Lebensmittel in die Kinderbäuche zu bekommen.

Für 4 Portionen
45 Min. Zubereitung
Pro Portion ca. 445 kcal,
14 g E, 23 g F, 42 g KH

200 g Belugalinsen
1 EL Gemüsebrühepulver
1 TL Aceto balsamico
½ TL Ahornsirup
1 rote Paprika
150 g Kirschtomaten
½ Gurke
1 rote Zwiebel
1 Mango
1 Bund Petersilie
120 g veganer Feta bzw. nicht-veganer Feta für den Rest der Familie

Dressing
5 EL Olivenöl
2 EL Aceto balsamico
1 TL mittelscharfen Senf
Salz, Pfeffer

Außerdem
geröstete Samen, Kerne oder gehackte Nüsse

1 Die Linsen gründlich in einem Sieb abspülen. Mit der doppelten Menge Wasser und dem Gemüsebrühepulver in einem Topf zum Kochen bringen und zugedeckt bei mittlerer Hitze etwa 15 Min. unter gelegentlichem Rühren bissfest garen. Nach der Hälfte der Garzeit Essig und Ahornsirup unterrühren. Die Linsen in ein Sieb abgießen, abtropfen und abkühlen lassen.

2 In der Zwischenzeit das Gemüse waschen. Paprika halbieren, weiße Trennwände und Kerne entfernen und klein schneiden. Tomaten halbieren, die Gurke in Würfel schneiden. Die Zwiebel schälen und fein würfeln. Die Mango schälen, das Fruchtfleisch von beiden Seiten vom Stein schneiden und würfeln. Die Petersilie waschen, trocken schütteln und fein hacken. Den (veganen) Feta in Würfel schneiden und beiseitestellen.

3 Eine große Schüssel nehmen und alle Zutaten für das Dressing darin mischen und gut verrühren. Alle Zutaten bis auf den Feta dazugeben und vorsichtig unterrühren. Mit Salz und Pfeffer würzen und abkühlen lassen. Zuletzt den Feta unterheben.

4 Den fertigen Linsensalat in 4 große Gläser (500 ml) füllen und mit den gerösteten Kernen toppen. Fest verschließen und z. B. mit zum Picknick nehmen.

Tipp

Wenn du auch nicht veganen Feta nimmst, dann mischst du alles bis auf den Feta zusammen, nimmst die vegane Portion ab und mischst dann den Feta jeweils separat unter den Salat. Wenn es mal schnell gehen muss, kannst du auch Linsen oder alternativ andere Hülsenfrüchte aus dem Glas für den Salat verwenden.

OBSTREGENBOGEN IM GLAS

Schön angerichtete frische bunte Früchte für die Lunchbox: Da kann fast keiner Nein sagen.

Für 1 Portion ·
10 Min. Zubereitung
Pro Portion ca. 630 kcal,
6 g E, 3 g F, 140 g KH

1 Banane
100 g Mango, 1 Orange
100 g Himbeeren
100 g Heidelbeeren
2 Kiwis
1 EL Ahornsirup
2 EL Zitronensaft

1 Für den Obstregenbogen alle Früchte waschen (auch TK) und je nach Sorte in mundgerechte Stücke schneiden. Das vorbereitete Obst in der Reihenfolge der Zutatenliste ins Glas schichten.

2 Für die Sauce Ahornsirup, Zitronensaft und Zimt verrühren und über die Früchte geben. Mit einem Deckel bis zum Verzehr gut verschließen.

GEMÜSEREGENBOGEN IM GLAS

Mit diesem toll aussehenden To-Go-Snack erscheint ein Regenbogen über dem Kinderteller.

Für 1 Portion
10 Min. Zubereitung
Pro Portion ca. 540 kcal,
31 g E, 11 g F, 66 g KH

1 gelbe Paprika, 1 Möhre
10 Kirschtomaten
100 g Kidneybohnen
4 Salatblätter
1 Handvoll Petersilie
50 g Sojacreme
1 EL Zitronensaft
½ TL Rohrohrzucker

1 Das Gemüse je nach Sorte waschen, putzen und in mundgerechte Stücke schneiden. Die Kidneybohnen in einem Sieb gründlich abwaschen und abtropfen lassen. Das ganze Gemüse in mundgerechte Stücke schneiden und in der Reihenfolge der Zutatenliste in die bereitgestellten Gläser schichten.

2 Die Petersilie waschen, trocken schütteln und fein hacken und auf das Gemüse geben. Für die Sauce Sojacreme, Zitronensaft und Zucker verrühren und ebenfalls zum Gemüse geben. Fest verschließen und mit zum Picknick nehmen.

Tipp

Für beide Regenbogen-Gläser eignen sich geröstete Nüsse oder Kerne als nährstoffreiches, leckeres Topping.

KERNIGE KNUSPERRIEGEL

Diese Riegel sind nicht nur megalecker, sondern auch wahre Nährstoffbomben. Plus: Die meisten Fettsäuren in diesem Riegel sind gesund, was man bei konventionellen Riegeln nicht behaupten kann. Außerdem strotzen sie vor Kalzium und enthalten beachtliche Mengen Vitamine und Mineralstoffe.

Für 10 Stück
10 Min. Zubereitung
2 Std. Kühlen
Pro Stück ca. 180 kcal,
5 g E, 14 g F, 8 g KH

100 g gehackte und geröstete Mandeln
30 g Chia-Samen
45 g gerösteter Sesam
2 EL Cashewmus
2 EL Ahornsirup
3 EL Kokosöl
30 g gepoppter Amarant
2 TL Lithothamnium Calcareum (kalziumreiche Alge; Bioladen; optional für mehr Kalzium)
2 Msp. gemahlene Vanille
1 Prise Salz

Außerdem
Silikon-Riegelform

1 Alle Zutaten in einer Schüssel gründlich miteinander vermischen. Den krümeligen Teig in eine Silikon-Riegelform drücken.

2 Die Form etwa 2 Std. im Kühlschrank kalt stellen und fest werden lassen. Danach sind die Riegel verzehrfertig. Im Kühlschrank sind sie 3–4 Wochen haltbar, lassen sich aber auch einfrieren.

Tipp
Achtung: Wenn du zu viel Amarant nimmst, wird der Riegel brüchig. Als feine Leckerei stellen die Riegel eine tolle Kalziumquelle dar, enthalten aber auch gesunde Fettsäuren und Protein.

AMARANT-BÄLLCHEN

Gekaufte Naschereien sind nicht immer gesund und nährstoffreich. Nimm dir deswegen am Wochenende die Zeit, ein paar gesunde Snacks vorzubereiten.

Für ca. 30 Stück
15 Min. Zubereitung
Pro Stück ca. 70 kcal,
2 g E, 4 g F, 5 g KH

220 g Nussmus (z. B. Cashew- oder Erdnussmus)
80 g Ahornsirup
50 g Kokosmilch (der feste Teil)
½ TL gemahlene Vanille
1 Prise Salz
60 g Nüsse (z. B. Paranüsse oder Mandeln)
60 g gepoppter Amarant

1 Das Nussmus mit einer Gabel mit Ahornsirup, Kokosfett, Vanille und 1 Prise Salz zu einer glatten Creme verrühren. Die Nüsse in einer Pfanne ohne Fett anrösten und anschließend klein hacken. In die Creme rühren. Den Amarant einarbeiten.

2 Nun mit einem Esslöffel einen Teil der Nussmasse abtrennen und daraus ca. 30 Bällchen formen.

3 Im Kühlschrank sind sie verpackt in einer luftdichten Dose 3–4 Tage haltbar. Bei uns sind die Bällchen meist nach 1 Tag verputzt. Sie lassen sich auch wunderbar einfrieren!

Tipp
Die Amarant-Bällchen sind ein leckerer, protein- und energiereicher Snack für die Schule, am Nachmittag oder für ein Picknick.

BREZEL-HAPPEN

Dieser leckere zuckerfreie Snack schmeckt bei uns groß und klein. Er ist superleicht und schnell zu machen und punktet durch den Geschmack, der salzig und süß perfekt vereint.

Für 10 Stück
15 Min. Zubereitung
Pro Portion ca. 405 kcal,
13 g E, 6 g F, 69 g KH

50 g vegane Zartbitter-Schokolade (mind. 70 % Kakaogehalt)

Für die Füllung
2 EL Nussmus (ich liebe geröstestes Mandelmus)
2 EL Erdmandelmehl
2 EL veganes Proteinpulver
2 EL Ahornsirup
½ Msp. gemahlene Vanille
20 Snackbrezeln mit Sesam

1 Die Schokolade grob hacken und in einer kleinen Schüssel über dem heißen Wasserbad schmelzen. Währenddessen alle Zutaten bis auf die Brezeln und die Schokolade zu einer formbaren Masse kneten. Mit einem Teelöffel Teig abstechen und zu Kugeln formen.

2 Die Kugeln vorsichtig zwischen 2 Brezeln platt drücken. Fertige Brezeln nebeneinander auf einen Teller oder ein Brett legen und die geschmolzene Schokolade gleichmäßig darüberträufeln. Schokolade trocknen lassen und genießen.

Tipp
Erdmandelmehl bekommst du im Bioladen, es ist angenehm süß, magnesium- und eisenreich und enthält gesunde Ballaststoffe – es lohnt sich, es mal auszuprobieren. Du kannst es aber auch gegen Kokosmehl, Hafermehl, mehr Proteinpulver oder Mandelmehl austauschen.

DIE VOLLWERTIGE LUNCHBOX

Ich gebe dir hier einige Inspirationen für eine vollwertige Lunchbox. Stelle sie einfach so zusammen, wie es für dein Kind am besten passt. Achte darauf, dass stets eine Vollkorn-Komponente, eine Eiweißkomponente, energiereiche, nährstoffdichte Lebensmittel sowie frisches Obst und Gemüse drin sind.

Basis
Vollkornbrot (fein ausgemahlenes Brot kommt bei Kindern meist besser an), Vollkorntoast, Wraps oder Vollkornpfannkuchen

Aufs Brot
Avocadocreme/Guacamole, selbst gemachter oder gekaufter pflanzlicher Aufstrich (z. B. Tomate-Paprika, Spinat-Pinienkerne oder Papucchini von Zwergenwiese), Räuchertofu, ab und zu Käse- oder Wurstalternativen
Salatblätter, Paprika, Tomaten, Gurke, Kresse und Sprossen, wie z. B. Alfalfa oder Brokkoli
Nussmus, z. B. Mandelmus, Erdnussmus, Cashewmus oder gebranntes Mandel- bzw. Haselnussmus

Knackiges dazu
Rohkoststicks wie Möhren, Gurke, Snackpaprika, Kirschtomaten, Kohlrabi
Früchte der Saison, z. B. als Spieße

Brot-Alternativen
Dinkelcracker mit Sesam
Grissini mit Dip

Nährstoffdichte, energiespendende Komponenten
Nuss-Mix oder selbst gemachtes Studentenfutter
Trockenfrüchte wie Datteln, Maulbeeren, Aprikosen, Pflaumen oder Cranberrys
Müsliriegel oder kernige Nussriegel
Amarant-Bällchen, Brezel-Happen oder Energiebällchen

Tipp

Schau immer genau auf die Zutatenlisten der pflanzlichen Alternativen! Je natürlicher und je weniger Zutaten, desto besser. Achte darauf, dass nicht zu viel Zucker oder zu viel Sonnenblumenöl enthalten ist. Und besonders für Käsealternativen und Wurst- bzw. Fleischalternativen gilt: Diese nicht jeden Tag verzehren, es handelt sich hier um stark verarbeitete Produkte.

DESSERTS & LECKEREIEN

Voller Mineralstoffe

RATZ-FATZ-EIS

Dieses megaschnelle und superleckere Eisrezept ist unser absoluter Star in der Familie! Du brauchst dafür allerdings eine leistungsstarke Küchenmaschine oder einen starken Mixer.

FÜR 1 PORTION
10 Min. Zubereitung
Pro Portion ca. 160 kcal,
6 g E, 9 g F, 14 g KH

100 g TK-Erdbeeren
1 EL Cashewmus
1 Msp. gemahlene Vanille (ersatzweise ½ TL Vanillezucker)
Pflanzendrink

1 Die gefrorenen Erdbeeren zusammen mit Cashewmus und Vanille sowie eventuell mit 1 Schuss Pflanzendrink in einem Hochleistungsmixer zu einer homogenen Masse mixen.

2 Schnell in ein Schälchen füllen und genießen.

Tipp
Du kannst jede beliebige tiefgefrorene Frucht für dieses leckere Eis verwenden. Achte aber darauf, dass du z. B. Himbeeren eventuell noch etwas süßen musst. Das ist bei Erdbeeren, Mango, Bananen und Heidelbeeren nicht der Fall. Wenn du das Eis für später vorbereitest, kannst du es in kleine Eisförmchen füllen und bis zum Servieren ins Tiefkühlfach stellen.

FROZEN HAZELNUT BITE

Diese leckeren Bites eignen sich hervorragend als Dessert. Nüsse sind ein wichtiger Bestandteil der veganen Kinderernährung, da sie nicht nur Mineralien enthalten, sondern auch gesunde Fettsäuren und wertvolle Proteine.

FÜR CA. 15 STÜCK
30 Min. Zubereitung
4 Std. Einweichen
8 Std. Tiefkühlen
Pro Portion ca. 215 kcal,
5 g E, 14 g F, 11 g KH

200 g geröstete Haselnüsse
200 g Cashewbruch
120 g Kokosmilch
90 g Medjool-Datteln (ohne Kern)
1 TL gemahlene Vanille
abgeriebene Schale von ½ Bio-Zitrone
90 g vegane Zartbitter-Schokolade (mind. 60 % Kakaogehalt)

Außerdem
Silikon-Eiswürfelform

1 Die Haselnüsse in einer Pfanne ohne Fett rösten, bis sie duften. Die Cashewkerne und die gerösteten Haselnüsse anschließend 4 Std. (oder über Nacht) in einer Schüssel mit Wasser bedecken und einweichen. Am nächsten Tag in ein Sieb abgießen und die Nüsse in einen Hochleistungsmixer geben.

2 Die übrigen Zutaten (bis auf die Schokolade) hinzufügen und alles zu einer feinen Creme mixen. Die Nusscreme in eine Silikon-Eiswürfelform füllen und mind. 8 Std. tiefkühlen.

3 Die Schokolade hacken und in einer kleinen Schüssel über dem heißen Wasserbad schmelzen. Währenddessen den Eiskonfekt aus der Form drücken. Die geschmolzene Schokolade nach Belieben in Linien über den Eiskonfekt fließen lassen oder die Bites von allen Seiten mit Schokolade bestreichen.

4 Genießen, sobald die Schokolade fest ist. Alternativ in eine verschließbare Gefrierdose füllen und zurück ins Tiefkühlfach stellen.

Tipp

Abwechslung bekommt du, wenn du die gerösteten Haselnüsse z. B. durch geröstete Mandeln ersetzt. Auch Walnüsse, Erdnüsse, Paranüsse, Macadamias und Pistazien passen für dieses Rezept – so kann du das Rezept auch für Allergiker abwandeln.

HIMBEER-SCHICHT-SOJA-QUARK

Ich nehme für diesen Schichtquark am liebsten die Soja-Quark-Alternative von Alnatura.

FÜR 4 PORTIONEN
10 Min. Zubereitung
Pro Portion ca. 575 kcal,
20 g E, 29 g F, 53 g KH

200 g TK-Himbeeren
4 Medjool-Datteln
400 g vegane Soja-Quark-Alternative
1 Msp. gemahlene Vanille
3 EL Ahornsirup
200 g gepoppter Quinoa
80 g gerösteter Sesam
80 g Kokosraspel
8 Blätter Minze (nach Belieben)

1 Die gefrorenen Himbeeren mit den entkernten Datteln im Hochleistungsmixer zu einer homogenen Masse pürieren. Den Sojaquark mit der Vanille und dem Ahornsirup glatt rühren.

2 Je 50 g Sojaquark in 4 hohe Dessertgläser füllen. Anschließend jeweils 2 EL Himbeermasse in die Gläser schichten und mit je 2 EL gepopptem Quinoa, 1 TL Sesam und 1 TL Kokosraspeln bestreuen. Weiterschichten, bis alle Zutaten verbraucht sind.

3 Den Abschluss bilden gepoppter Quinoa, Sesam und Kokos. Nach Belieben jede Portion mit 1–2 TK-Himbeeren und zwei Minzeblättchen dekorieren.

Tipp
Du kannst den Nachtisch bis zum Verzehr im Kühlschrank aufbewahren (Achtung: die Quinoa-Pops saugen sich mit Flüssigkeit voll und werden dann weich) oder du bereitest alles einzeln vor und schichtest die Zutaten kurz vor dem Servieren ins Glas. Die Himbeeren kannst du durch beliebige TK-Früchte ersetzen. Und für alle, die keinen Sojaquark mögen, nimmst du normalen Quark (den du 1:1 mit Joghurt mischen kannst).

KUCHEN IM GLAS

Ein tolles Rezept, um unterwegs hygienisch, krümelfrei und unkompliziert Kuchen mit zu einem Picknick oder zu einer anderen Gelegenheit zu nehmen.

FÜR 10 STÜCK
10 Min. Zubereitung
25 Min. Backen
Pro Stück ca. 905 kcal,
15 g E, 55 g F, 89 g KH

300 g Vollkorn-Dinkelmehl
100 g gemahlene Haselnüsse
40 g Speisestärke
1½ Päckchen Weinstein-Backpulver
100 g Rohrohrzucker
1 Msp. gemahlene Vanille
1 Msp. Zimtpulver
½ Msp. gemahlene Tonkabohne (nach Belieben)
½ EL abgeriebene Bio-Zitronenschale
145 g weiches Kokosöl
1 EL Zitronensaft
300 ml Pflanzendrink (mit Kalzium)
100 ml Mineralwasser
Salz
1 großer Apfel
10 TL vegane Schokotropfen (nach Belieben)

Außerdem
10 Einmachgläser à 400 ml Inhalt

1 Den Backofen auf 180° (Umluft) vorheizen und die ofenfesten Gläser bereitstellen, Deckel beiseitelegen. Alle trockenen Zutaten mit abgeriebener Zitronenschale in einer Rührschüssel mischen.

2 Die feuchten Zutaten mit 1 Prise Salz in einer zweiten Schüssel gut verrühren. Den Apfel schälen, vierteln, das Kerngehäuse entfernen und die Viertel in kleine Stückchen schneiden, mit etwas Zitronensaft beträufeln und beiseitestellen.

3 Die trockenen Zutaten zügig, aber gründlich unter die flüssigen Zutaten rühren und in 2 Min. zu einem glatten Teig verarbeiten. Zuletzt die Apfelstückchen und nach Belieben die Schokotropfen unterheben.

4 Mit einem Löffel den Teig gleichmäßig in die Gläser verteilen. Die Gläser auf ein Backblech stellen und ohne Deckel im Ofen (Mitte) ca. 25 Min. backen.

5 Sind die Küchlein fertig (Stäbchentest), die Gläser herausnehmen, gut abkühlen lassen und erst dann mit dem passenden Deckel verschließen.

Tipp

Du kannst hier auch ganz fix tolle Varianten zaubern, z. B. indem du anstelle des Apfels Erdbeeren oder Trockenfrüchte nimmst oder anstelle der Haselnüsse, Mandeln oder Walnüsse. Auch eine Schokoglasur oder eine Sahnehaube gibt frischen Schwung in dieses Rezept. Und glaub mir, keiner wird merken, dass es vegan ist!

VANILLE-CASHEW-QUARK

Diese leckere vegane Quark-Alternative bestätigt mal wieder meine Überzeugung, dass die vegane Küche eine tolle Geschmacksvielfalt bietet und nichts mit Verzicht zu tun hat.

ERGIBT CA. 500 G
10 Min. Zubereitung
4 Std. Einweichen
24 Std. Ruhen
Pro Portion ca. 600 kcal,
17 g E, 16 g F, 26 g KH

200 g Cashewkerne
200 ml Brottrunk
1 Msp. gemahlene Vanille
50 ml Wasser
2 EL Reissirup (nach Belieben)

Außerdem
1 großes Einmachglas (à 500 ml Inhalt)
1 sauberes Küchentuch
1 Haushaltsgummi

1 Die Cashewkerne in einer Schüssel mit Wasser bedeckt mind. 4 Std. (oder über Nacht) einweichen. Anschließend das Einweichwasser weggießen und die Cashews mit dem Brottrunk, der Vanille, 50 ml Wasser und nach Belieben mit 2 EL Reissirup im Mixer zu einer feinen Creme pürieren. Ruhig etwa 3 Min. mixen, so bekommt die Masse eine schöne Wärme, die den Bakterien hilft, mit der Fermentation zu starten.

2 Die Creme in ein großes, sterilisiertes Glas füllen und ein sauberes Baumwolltuch darüberlegen. Das Tuch mit einem Gummi befestigen, damit es nicht verrutscht. Die Cashewcreme 12–24 Std. an einen warmen Ort (Heizung) oder bei 40° in den Backofen stellen. Oft reicht schon die Lampe im Backofen aus, um genug Wärme zu erzeugen.

3 Nach 12–24 Std. kommt der Quark in den Kühlschrank. Sobald er richtig schön kalt ist, kannst du ihn genießen. Wie lange du den Quark fermentieren lässt, hängt davon ab, wie fest und säuerlich du ihn haben möchtest! Achte darauf, dass er in der Fermentationsphase nicht bewegt wird. Er hält gut gekühlt etwa 3 Tage.

Tipp

Hast du gewusst, dass Cashewkerne glücklich machen? Sie enthalten die Aminosäure L-Tryptophan, die eine stimmungsaufhellende Wirkung hat. Außerdem sind Cashews reich an B-Vitaminen, Magnesium, Zink sowie Eisen.

MOUSSE AU CHOCOLAT

Vegane Ernährung hat nichts mit Verzicht zu tun! Diese supereinfache vegane Mousse au chocolat ist der beste Beweis.

FÜR 6 PORTIONEN
10 Min. Zubereitung
Pro Portion ca. 195 kcal,
6 g E, 12 g F, 16 g KH

400 g Seidentofu
150 g vegane Schokolade
50 g Medjool-Datteln (ohne Kerne, ersatzweise Ahornsirup)
1 Päckchen Sahnesteif
½ TL gemahlene Vanille
Minzeblättchen (nach Belieben)
Schokoraspel zum Bestreuen (nach Belieben)

1 Den Seidentofu in einem Sieb abtropfen lassen. Die Schokolade grob hacken und in einer kleinen Schüssel über dem heißen Wasserbad schmelzen lassen.

2 Den abgetropften Tofu mit Datteln, Sahnesteif und Vanille im Mixer auf höchster Stufe cremig mixen. Die geschmolzene Schokolade hinzufügen und erneut kräftig durchmixen.

3 Die Creme in bereitgestellte Dessertgläser füllen und mind. 1 Std. im Kühlschrank kalt stellen. Vor dem Servieren nach Belieben mit Minzeblättchen dekorieren und mit Schokoraspeln bestreuen.

HASELNUSSTALER

Diese Plätzchen sind ein Familienrezept meiner Oma und ich habe noch keinen getroffen, der nicht direkt nach dem ersten Bissen süchtig wurde. Wir backen sie zu Weihnachten.

FÜR 50 STÜCK
10 Min. Zubereitung
10 Min. Backen
Pro Stück ca. 95 kcal,
1 g E, 6 g F, 9 g KH

125 g gemahlene Haselnüsse
250 g Vollkorn-Weizenkornmehl
100 g Speisestärke
100 g Puderzucker
1 Päckchen Vanillezucker
1 TL Weinstein-Backpulver
250 g kalte vegane Margarine

Für den Rand
3 EL Kakaopulver
3 EL Zimtpulver
3 EL Rohrohrzucker
200 ml Pflanzendrink

1 Die gemahlenen Haselnüsse mit Vollkornmehl, Speisestärke, Puderzucker, Vanillezucker und Backpulver mischen. Die kalte Margarine in Würfel schneiden und mit den Knethaken des Handrührgeräts oder mit den Händen unter die trockenen Zutaten kneten, bis ein glatter Teig entsteht.

2 Den Teig rund formen, abgedeckt in den Kühlschrank legen und mindestens 30 Min. ruhen lassen.

3 Den Backofen auf 180° (Umluft) vorheizen. Zwei tiefe Teller bereitstellen. In einem Teller Kakaopulver, Zimt und Zucker vermengen. Pflanzendrink in den zweiten Teller gießen.

4 Den Teig nach der Ruhezeit in 6 gleich große Stücke teilen und zu Rollen mit ca. 3 cm Ø formen. Die Teigrollen erst in den Pflanzendrink tunken und dann von allen Seiten im Kakao-Zimt-Zucker-Mix wälzen.

5 Die panierten Rollen mit einem großen, scharfen Messer in 1 cm breite Scheiben schneiden und auf ein mit Backpapier belegtes Backblech legen.

6 Die Kekse bei Bedarf noch mal leicht in Form drücken, damit sie schön rund sind. Im Ofen (Mitte) 10 Min. backen. Vorsicht, die Kekse dürfen nicht braun werden! Sie sollen ganz mürbe sein. Heiß sind sie sehr bruchempfindlich. Auf einem Kuchengitter abkühlen lassen und in einer Keksdose aufbewahren.

Tipp
Ich nehme auch hier konsequent Vollkornmehl, das Ursprungsrezept ist allerdings mit hellem Mehl.

SCHOKO-BANANEN-BROT

Bananenbrot ist nicht nur superlecker, sondern eignet sich auch hervorragend, wenn die Bananen mal wieder zu lange im Obstkorb lagen und sie niemand mehr essen mag.

FÜR 1 KASTENFORM (28 CM LANG, 12 SCHEIBEN)
15 Min. Zubereitung
45 Min. Backen
Pro Portion ca. 290 kcal,
8 g E, 8 g F, 46 g KH

50 g vegane Zartbitter-Schokolade (mind. 70 % Kakaogehalt)
400 g Vollkorn-Dinkelmehl
2 EL Backpulver
2 TL Zimtpulver
1 Prise Salz
1 Msp. gemahlene Tonkabohne (nach Belieben)
4 reife Bananen
80 g vegane Margarine + 1 TL für die Form
200 ml Haselnuss- oder Mandeldrink
8 EL Ahornsirup
2 TL veganes Ei-Ersatzpulver (z. B. ZauberEi)
Mineralwasser

1 Den Backofen auf 180° (Umluft) vorheizen. Schokolade raspeln oder fein hacken. Alle trockenen Zutaten in einer Schüssel mischen. 3 Bananen schälen und in einer Schüssel mit einer Gabel fein zerdrücken. Margarine, Nussdrink und 5 EL Ahornsirup hinzufügen.

2 Das Ei-Ersatzpulver nach Packungsanweisung anrühren und zu den übrigen feuchten Zutaten geben.

3 Nun die trockene Backmischung nach und nach mit dem Handrührgerät in 2–3 Min. unter die feuchte Masse rühren. Falls die Masse an den Rührstäben hochklettert, noch etwas Mineralwasser hinzufügen.

4 Eine Kastenform mit etwas Margarine fetten oder mit Backpapier auslegen. Den Teig in die Form geben. Übrige Banane schälen, längs halbieren und beide Hälften oben auf den Teig legen.

5 Im Ofen (Mitte) etwa 40–45 Min. (Stäbchenprobe) backen. 10 Min. vor Ende der Backzeit den Kuchen kurz rausholen, mit übrigem Ahornsirup beträufeln und zum Fertigbacken schnell wieder zurück in den Ofen stellen. Dazu schmeckt Kokosjoghurt oder etwas Cashewmus!

GEBURTSTAGS-HASELNUSSKUCHEN

Dieses Rezept ist ein echtes Familien-Traditionsrezept – unsere ganze Familie liebt es. Ich habe den Kuchen irgendwann veganisiert, aber das hat keiner gemerkt!

FÜR 1 GUGELHUPFFORM (3 L INHALT, 12 STÜCKE)
15 Min. Zubereitung
50 Min. Backen
Pro Stück ca. 560 kcal,
9 g E, 45 g F, 29 g KH

250 g weiche vegane Margarine
150 g Rohrohrzucker
4 TL veganes Ei-Ersatzpulver (z. B. VegEi von Dm)
400 g gemahlene Haselnüsse
100 g Vollkorn-Dinkelmehl
1 Päckchen Backpulver
1 Prise Salz
etwas Mineralwasser oder Pflanzendrink
1 Msp. gemahlene Tonkabohne (nach Belieben)

Außerdem
200 g vegane Zartbitter-Blockschokolade
Fett für die Form

1 Backofen auf 180° (Umluft) vorheizen. Margarine und Rohrohrzucker mit dem Handrührgerät verrühren. Das Ei-Ersatzpulver nach Packungsanweisung anrühren und zur Margarinecreme hinzufügen. Alle trockenen Zutaten miteinander vermengen und langsam unter die Creme rühren.

2 Wenn der Teig zu zäh ist, noch etwas Haferdrink oder Mineralwasser dazugeben und unterrühren, damit der Teig schön geschmeidig wird. Nach Belieben Tonkabohne unterrühren.

3 Anschließend den Teig in eine gefettete Gugelhupfform geben und im Ofen (Mitte) ca. 45–60 Min backen (Stäbchenprobe). Den Kuchen herausnehmen und auf einem Kuchengitter abkühlen lassen. Die Schokolade grob hacken und in einer kleinen Schüssel über dem heißen Wasserbad schmelzen lassen. Den abgekühlten Kuchen mit der Schokolade glasieren.

Tipp
Ich decke den Kuchen meistens nach ca. 30 Min. Backzeit ab, damit die Oberfläche nicht zu dunkel wird.

APPLE-CRUMBLE

Crumble ist mein absoluter Favorit, da ich Streusel schon immer am liebsten mochte. Da der Crumble quasi nur aus diesen besteht, ist er perfekt für meinen Geschmack.

FÜR 6 PORTIONEN
15 Min. Zubereitung
25 Min. Backen
Pro Portion ca. 390 kcal,
4 g E, 21 g F, 45 g KH

500 g Äpfel
Saft von 1 Zitrone
150 g Vollkorn-Dinkelmehl
100 g Rohrohrzucker
1 TL Zimtpulver
1 Msp. gemahlene Vanille
150 g kalte vegane Margarine

1 Den Backofen auf 180° (Umluft) vorheizen. Die Äpfel waschen, vierteln und das Kerngehäuse entfernen. Die Äpfel in Würfel schneiden und in einer Schüssel mit dem Zitronensaft mischen.

2 Das Mehl mit Zucker, Zimt, Vanille und Margarine mit den Knethaken des Handrührgeräts zu einem krümeligen Teig verarbeiten.

3 Die Apfelstücke in eine Auflaufform verteilen und großzügig mit den Streuseln bedecken. Im Ofen (Mitte) ca. 25 Min. backen. Dazu passen (veganes) Vanilleeis und aufgeschlagene Pflanzencreme oder Sahne. Oder, wer es gesünder möchte, veganer Kokos-Joghurt. Am besten heiß genießen.

Tipp
Der Crumble schmeckt auch mit Saisonobst wie Pflaumen oder Rhabarber ganz hervorragend. Um ihm noch ein wenig mehr Raffinesse zu verleihen, kann man geröstete Mandelsplitter oder geröstete, gehackte Haselnüsse darüberstreuen. Auch Rosinen, Cranberrys oder Maulbeeren schmecken mitgebacken sehr fein.

APFEL-ZIMT-RINGE

Ein schneller, leckerer Snack, der immer gut ankommt!

FÜR 4 PORTIONEN
15 Min. Zubereitung
Pro Portion ca. 370 kcal,
14 g E, 6 g F, 65 g KH

3 Äpfel (gern säuerliche oder Äpfel, die wegmüssen)

Für den Teig
250 g Vollkorn-Dinkelmehl
1 EL Sojamehl
1 TL Weinstein-Backpulver
1 TL Zimtpulver
1 Msp. Salz
200 ml Pflanzendrink (z. B. Hafer)
2 EL Ahornsirup
Kokosöl zum Braten

1 Die Äpfel schälen und das Gehäuse ausstechen. Die Äpfel quer in etwa 1 cm dicke Ringe schneiden und mit einem Küchentuch abtupfen.

2 Die trockenen Zutaten in einer Schüssel miteinander vermischen. Pflanzendrink und Ahornsirup unterrühren. Den Teig 5–10 Min. quellen lassen.

3 So viel Kokosöl in einer Pfanne erhitzen, dass der Pfannenboden ca. 2 cm hoch bedeckt ist.

4 Die Apfelringe nacheinander vollständig in den Teig tauchen, kurz abtropfen lassen und im heißen Kokosöl von beiden Seiten ausbacken, bis sie goldgelb sind. Kurz auf Küchenpapier abtropfen lassen. Nach Belieben mit Puderzucker bestäuben und heiß servieren.

Tipp
Dazu kannst du Apfelmus, Zimt und Zucker, vegane Kokos-Joghurtalternative oder Puderzucker servieren, aber auch pur sind die Apfel-Zimt-Ringe ein Genuss.

PEANUT BUTTER BROWNIES

Wer Erdnüsse mag und diese Brownies einmal gegessen hat, möchte nie mehr andere – versprochen!

FÜR 1 BACKBLECH (CA. 24 STÜCK)
15 Min. Zubereitung
25 Min. Backen
Pro Portion ca. 335 kcal,
10 g E, 19 g F, 29 g KH

3 mittelgroße Bananen
100 g feines Erdnussmus
220 ml neutrales Pflanzenöl
400 ml Pflanzendrink
400 g Vollkorn-Dinkelmehl
80 g Kakaopulver
1 Päckchen Weinstein-Backpulver
150 g Rohrohrzucker
2 Msp. gemahlene Vanille
Salz
100 ml Mineralwasser

Für das Topping
300 g feines Erdnussmus
9 EL Ahornsirup
50 g vegane Zartbitter-Schokolade (mind. 70 % Kakaoanteil)

1 Den Backofen auf 180° vorheizen. Die Bananen schälen und mit dem Erdnussmus und einer Gabel fein zerdrücken. Öl und Pflanzendrink unterrühren, bis sich alle Zutaten gut verbunden haben.

2 Das Vollkornmehl mit Kakao, Backpulver, Rohrohrzucker, Vanille und 1 Prise Salz mischen. Nach und nach unter den Bananenmix rühren und 1 Min. mit dem Handrührgerät zu einem glatten Teig verrühren. Zum Schluss das Mineralwasser kurz unterrühren. Den Teig auf einem mit Backpapier belegten Backblech ausstreichen und im Ofen (Mitte) 25 Min. backen.

3 In der Zwischenzeit für das Topping das Erdnussmus mit dem Ahornsirup vermengen. Den Kuchen aus dem Ofen holen und das Erdnuss-Karamell-Topping mit einem Spatel dünn auf die noch warme Teigplatte streichen. Abkühlen lassen.

4 In der Zwischenzeit die Schokolade grob hacken und in einer kleinen Schüssel über dem heißen Wasserbad schmelzen lassen. In einen Spritzbeutel füllen und in langen Linien auf dem abgekühlten Kuchen verteilen. Sobald die Schokolade fest ist, in 24 gleich große Brownies schneiden und genießen.

Tipp

In jedem dunklen Gebäck lässt sich wunderbar Vollkornmehl verstecken, so bekommen wir quasi unbemerkt eine extra Portion Mineralien. Auch merkt es in der Regel niemand, dass Backwaren vegan sind. 2 Fliegen mit einer Klappe würde ich sagen!

CASHEW-ERDBEER-EISTORTE

Hast du schon mal Cashewkuchen gegessen? Unfassbar lecker! Er bringt nicht nur gesunde Nährstoffe, sondern macht wirklich glücklich, weil Cashewkerne die Serotoninproduktion anregen.

FÜR 1 SPRINGFORM (18–20 CM Ø; 10 STÜCKE)
30 Min. Zubereitung
2 Std. 30 Min. Tiefkühlen
Pro Stück ca. 170 kcal, 5 g E, 9 g F, 17 g KH

Für den Boden
75 g Medjool-Datteln
130 g gemahlene, geschälte Mandeln
Salz
2 Msp. Zimtpulver
1 Msp. gemahlene Vanille (ersatzweise Vanillezucker)

Für die Creme
200 g Cashewmus
75 g Kokosmilch (der feste Teil)
75 ml frisch gepresster Zitronensaft
4-6 EL Agavensirup
2 Msp. gemahlene Vanille
1 Prise Salz
250 g Bio-Erdbeeren
8 Blätter Minze

1 Für den Boden die Datteln entsteinen und klein schneiden. Mit den gemahlenen Mandeln pürieren. 1 Prise Salz, Zimt, Vanille und 1 EL Wasser hinzufügen und nochmal kurz durchmixen, bis alles zusammenhält. Die Masse sollte etwas klebrig sein. Bei Bedarf 1 weiteren EL Wasser hinzufügen.

2 Den Boden der Springform mit Backpapier auslegen. Die Nuss-Dattel-Masse mit angefeuchteten Fingern gleichmäßig auf dem Boden verteilen, leicht andrücken und einen ca. 1 cm hohen Rand hochziehen.

3 Für die Füllung das Cashewmus mit dem festen Teil der Kokosmilch, Zitronensaft, Agavensirup, Vanille, 1 Prise Salz und 60 ml Wasser im Mixer zu einer feinen Creme mixen.

4 Die Creme halbieren. Eine Hälfte auf dem Kuchenboden verteilen und 30 Min. ins Tiefkühlfach stellen.

5 Übrige Creme mit 8 Erdbeeren pürieren. Kuchenboden aus dem Tiefkühlfach holen und die Erdbeer-Cashewcreme darauf glatt verstreichen. Die übrigen Erdbeeren halbieren und als Topping obenauf legen. Vor dem Servieren die Torte mind. 2 Std. tiefkühlen. Als Eistorte genießen oder 30 Min. vor dem Servieren herausnehmen, antauen lassen und kalt genießen. Mit Minzeblättchen verzieren.

Tipp

Für etwas Abwechslung nimmst du Mandelmus (am leckersten finde ich Mus aus gebrannten Mandeln) und flüssige Dattelsüße.

SACHREGISTER

REZEPTREGISTER

Damit du eure Lieblingsrezepte noch schneller findest, sind in diesem Register auch häufige Zutaten wie **Apfel** oder **Zucchini** alphabetisch eingeordnet und hervorgehoben.

A

QUALITÄTS G|U GARANTIE

LIEBE LESERINNEN UND LESER,

wir wollen Ihnen mit diesem Buch Informationen und Anregungen geben, um Ihnen das Leben zu erleichtern oder Sie zu inspirieren, Neues auszuprobieren. Wir achten bei der Erstellung unserer Bücher auf Aktualität und stellen höchste Ansprüche an Inhalt und Gestaltung. Alle Anleitungen und Rezepte werden von unseren Autoren, jeweils Experten auf ihren Gebieten, gewissenhaft erstellt und von unseren Redakteur*innen mit größter Sorgfalt ausgewählt und geprüft.

Haben wir Ihre Erwartungen erfüllt? Sind Sie mit diesem Buch und seinen Inhalten zufrieden? Wir freuen uns auf Ihre Rückmeldung. Und wir freuen uns, wenn Sie diesen Titel weiterempfehlen, in Ihrem Freundeskreis oder bei Ihrem Online-Kauf.

Sollten wir Ihre Erwartungen so gar nicht erfüllt haben, tauschen wir Ihnen Ihr Buch jederzeit gegen ein gleichwertiges zum gleichen oder ähnlichen Thema um.

KONTAKT ZUM LESERSERVICE

GRÄFE UND UNZER VERLAG
Grillparzerstraße 12
81675 München
www.gu.de

GRÄFE UND UNZER

Ein Unternehmen der
GANSKE VERLAGSGRUPPE

Impressum

G|U

GU ist eine eingetragene Marke der GRÄFE UND UNZER VERLAG GmbH, www.gu.de

ISBN 978-3-8338-9083-3
1. Auflage 2023

Projektleitung: Monika Greiner

Lektorat: Margarethe Brunner

Korrektorat: Anne-Sophie Zähringer

Bildredaktion: Petra Ender

Umschlaggestaltung und Layout: ki36 Editorial Design, Sabine Krohberger, München

Herstellung: Petra Roth

Satz: griesbeckdesign, Dorothee Griesbeck, München

Reproduktion: Longo AG, Bozen

Druck und Bindung: Firmengruppe APPL, aprinta druck, Wemding

Umwelthinweis:
Nachhaltigkeit ist uns sehr wichtig. Der Rohstoff Papier ist in der Buchproduktion hierfür von entscheidender Bedeutung. Daher ist dieses Buch auf PEFC-zertifiziertem Papier gedruckt. PEFC garantiert, dass ökologische, soziale und ökonomische Aspekte in der Verarbeitungskette unabhängig überwacht werden und lückenlos nachvollziehbar sind.

Die GU-Homepage finden Sie unter www.gu.de

Bildnachweis:
Alle Bilder: Mona Binner, außer: S. 1: stockfood/Simone Neufing, S. 2/3 und S. 4/5: Barbara Bonisolli, S. 6 und S. 9: privat, S. 13-1: Westend 61, S. 13-2: action press, S. 17 und 37 (Illustrationen): Ela Strickert, S. 19: shutterstock, S. 22: alamy, S. 23: stockfood, S. 25: imago, S. 26: Coco Lang, S. 40-1: getty images, S. 40-2: stocksy, S. 44: Westend 61

Syndication: www.seasons.agency

Wichtiger Hinweis
Die Gedanken, Methoden und Anregungen in diesem Buch stellen die Meinung bzw. Erfahrung der Verfasserin dar. Sie wurden von der Autorin nach bestem Wissen erstellt und mit größtmöglicher Sorgfalt geprüft. Sie bieten jedoch keinen Ersatz für persönlichen kompetenten medizinischen Rat. Jede Leserin, jeder Leser ist für das eigene Tun und Lassen auch weiterhin selbst verantwortlich. Weder Autorin noch Verlag können für eventuelle Nachteile oder Schäden, die aus den im Buch gegebenen praktischen Hinweisen resultieren, eine Haftung übernehmen.